ORDONNANCE DU ROY,

Portant règlement pour le payement des Troupes de Sa Majesté pendant l'hiver prochain.

Du premier Novembre 1744.

DE PAR LE ROY.

SA MAJESTÉ voulant régler le traitement qui sera fait à ses troupes, tant françoises qu'étrangères, pendant l'hiver prochain, a ordonné & ordonne ce qui suit.

ARTICLE PREMIER.

LOGEMENT.

QUE les troupes d'Infanterie, Gendarmerie, Cavalerie, Carabiniers, Hussards & Dragons, qui seront logées chez les habitans des villes & autres lieux, tant de la frontière que de l'intérieur du royaume, n'y auront que le simple couvert, avec des lits garnis de linceuls, place au feu & à la chandelle de l'hôte, suivant sa commodité.

II.

FOURRAGE.

QUE le fourrage sera fourni aux présens & effectifs des troupes de la Gendarmerie, Cavalerie, Carabiniers, Hussards & Dragons, pendant l'hiver, dans les lieux où elles ſeront logées, conformément aux revûes qui en ſeront faites; la ration devant être compoſée de quinze livres de foin & cinq livres de paille, ou de dix-huit livres de foin ſans paille, où il n'y en aura point, des deux tiers du boiſſeau d'avoine meſure de Paris, dont les vingt-quatre boiſſeaux font le ſeptier de ladite meſure; ſçavoir, pour la

GENDARMERIE.

Gendarmerie, dans chaque compagnie de Gendarmes ou de Chevaux-légers, deux rations à chacun des quatre Maréchaux-des-logis, & une ration à chacun des deux Brigadiers, deux Sous-brigadiers, au Porte-étendard, & chaque Gendarme, Chevau-léger, Trompette & Timbalier: & il ſera fourni de plus dix rations par jour à chaque

Compagnies, à l'exception des Grands-officiers des dix compagnies de Gendarmes.

Capitaine-lieutenant des ſix compagnies de Chevaux-légers, quatre à chaque Sous-lieutenant, & trois à chacun des deux Cornettes deſdites compagnies, les Grands-officiers des compagnies de Gendarmes n'en devant point avoir.

Etat-major.

Pour l'Etat-major de la Gendarmerie, douze rations au Major, huit rations à l'Aide-major, ſix au Sous-aide-major, deux rations à chacun des deux Aumôniers, & une au Chirurgien.

CAVALERIE françoiſe & étrangère, CARABINIERS, HUSSARDS & DRAGONS.

Pour la Cavalerie, les Carabiniers, Huſſards & Dragons, ſix rations par jour à chaque Capitaine, quatre au Lieutenant, quatre au Sous-lieutenant qui eſt en la compagnie Colonelle du régiment du Colonel-général de la Cavalerie; & pareille quantité de quatre rations à chacun des ſeconds Lieutenans de la compagnie générale du régiment du Colonel-général des Dragons, & de la compagnie Meſtre-de-camp du régiment Meſtre-de-camp général auſſi des Dragons; trois à chaque Cornette, deux à chaque Maréchal-des-logis, & une à chaque Brigadier, Cavalier, Carabinier, Huſſard, Dragon, Trompette, Timbalier, Tambour & Hautbois; ſix rations à Monſ.r le Prince de Dombes Meſtre-de-camp-Lieutenant du régiment Royal-des-Carabiniers; ſix à chacun des cinq Meſtres-de-camp qui ſervent ſous lui à la tête des cinq Brigades; pareille quantité de ſix rations à chaque Meſtre-de-camp de Cavalerie, de Huſſards ou de Dragons; quatre à chaque Lieutenant-colonel, outre celles qu'ils doivent recevoir comme Capitaines; huit à chaque Major, quatre à chaque Aide-major, & une à chaque Aumônier & Chirurgien.

Et en outre pour les régimens Royal-Allemand & Roſen, ſçavoir, au régiment Royal-Allemand, deux rations au Maréchal-des-logis du régiment, trois au Prévôt, deux à ſon Lieutenant, deux au Greffier, & une à chacun des quatre Archers & un Exécuteur de juſtice.

Et au régiment de Cavalerie allemande de Roſen, une à chacun des Auditeur, Greffier, trois Archers & un Exécuteur de juſtice.

Les compagnies franches de Dragons recevront le fourrage pour les Officiers & Dragons effectifs, comme les autres compagnies de Dragons.

Les Officiers réformez qui auront ordre de ſervir à la ſuite des régimens de Cavalerie ou de Dragons, recevront du fourrage pour leurs chevaux, ſçavoir, chaque Meſtre-de-camp ſix rations par jour, chaque Lieutenant-colonel pareille quantité de ſix rations, chaque Capitaine quatre, & chaque Lieutenant réformé de Cavalerie ou de Dragons, deux rations. *Officiers réformez.*

Les Officiers réformez à la ſuite du régiment de Cavalerie de Filtzjames, auront du fourrage, ſçavoir, chaque Meſtre-de-camp neuf rations par jour, chaque Lieutenant-colonel huit, chaque Capitaine cinq, & chaque Lieutenant trois rations. *FILTZJAMES.*

L'intention de Sa Majeſté eſt que le fourrage ci-deſſus réglé aux officiers de Cavalerie, de Carabiniers, de Huſſards & de Dragons, ne ſoit fourni qu'à ceux compris dans les états qui ſeront envoyez aux Intendans des généralités, provinces & places où leſdites troupes ſeront logées.

Sa Majeſté a auſſi réſolu de faire fournir du fourrage aux Officiers de ſes troupes d'Infanterie, qui ont ſervi ou ſont deſtinées pour ſervir en campagne, afin de leur donner moyen d'entretenir leurs équipages; la ration compoſée de douze livres de foin & huit livres de paille, ou de ſeize *INFANTERIE.*

livres de foin fans paille, où il n'y en aura point, & d'un demi-boiffeau d'avoine mefure de Paris; fçavoir, quatre rations par jour à chaque Capitaine, deux rations à chaque Lieutenant, Sous-lieutenant ou Enfeigne; & pour les Officiers de chaque Etat-major, fix rations par jour au Colonel, trois au Lieutenant-colonel, deux aux Commandans de bataillon qui ne font point chefs de régiment, outre les rations que lefdits Colonels, Lieutenans-colonels ou Commandans de bataillon recevront comme Capitaines; cinq rations au Major, trois à chaque Aide-major, une au Prévôt, où il y en a, & une à l'Aumônier: defquelles troupes d'Infanterie qui devront avoir du fourrage, il fera envoyé des états aux Intendans des généralités, provinces & places où elles feront logées pendant l'hiver.

Officiers réformez. Il fera auffi fourni du fourrage aux Officiers réformez qui auront ordre de fervir à la fuite defdits régimens d'Infanterie, compris dans les états ci-deffus, fçavoir, fix rations par jour à chaque Colonel, quatre à chaque Lieutenant-colonel, deux à chaque Capitaine, & une à chaque Lieutenant.

Sa Majefté ordonne que lefdites fournitures de fourrages foient régulièrement faites à la Gendarmerie, à la Cavalerie, aux Carabiniers, Huffards & Dragons, & aux Officiers, tant de ces corps que de ceux d'Infanterie, à commencer du jour que les troupes entreront en quartier d'hiver, jufqu'au tems qu'elles fe mettront en campagne. A l'égard des régimens en quartier dans les provinces & généralités du royaume, auxquels Sa Majefté a laiffé la difpofition des fourrages, fon intention eft qu'après l'expiration des cent cinquante jours du quartier d'hiver, les places de fourrage leur foient payées fans aucun bénéfice.

Veut Sa Majefté qu'il ne foit délivré aucune ration de fourrage aux Officiers d'Infanterie, de Gendarmerie, Cavalerie, Carabiniers, Huffards & Dragons qui ne fe trouveront pas préfens aux revûes, à moins qu'ils ne foient de femeftre, ou n'ayent un congé par écrit de Sa Majefté, contre-figné du Secrétaire d'état de la guerre: auxquels Officiers

Officiers abſens par ſemeſtre, congé, ou ceux qui obtiendront des reliefs, il ne ſera fourni que la moitié des fourrages qu'ils auroient s'ils avoient été préſens; à l'exception des Colonels, Meſtres-de-camp, Lieutenans-colonels en pied ou réformez, & des Majors des régimens, qui auront leur fourrage en entier lorſqu'ils ſe feront abſentez par congé, ou ſur les reliefs qui ſeront accordez à ceux qui n'auront pas de congé.

Défend très-expreſſément Sa Majeſté auxdits Officiers, Gendarmes, Chevaux-légers, Cavaliers, Carabiniers, Huſſards & Dragons, d'exiger des Garde-magaſins & Entrepreneurs de la fourniture de fourrages, une plus grande quantité de rations que celle marquée ci-deſſus; & auxdits Officiers, ſoit de Gendarmerie, ſoit de Cavalerie, de Carabiniers, de Huſſards ou de Dragons, de rien diminuer ſur les rations ci-deſſus ordonnées pour la ſubſiſtance du cheval du Gendarme, Chevau-léger, Cavalier, Carabinier, Huſſard ou Dragon, pour le donner à leurs chevaux, ou pour le convertir en argent; à peine auxdits Officiers d'être caſſez & privez de leurs charges, & aux Gendarmes, Chevaux-légers, Cavaliers, Carabiniers, Huſſards & Dragons, de la vie.

Défend auſſi Sa Majeſté aux Garde-magaſins & Entrepreneurs, de convertir aucune deſdites rations de fourrage en argent, à moins que leſdits Garde-magaſins & Entrepreneurs n'en ayent ordre par écrit des Intendans, à peine de la vie; & auxdits Officiers, Gendarmes, Chevaux-légers, Cavaliers, Carabiniers, Huſſards & Dragons, d'entrer avec eux en aucune compoſition là-deſſus; à peine aux Officiers d'être caſſez, & aux Gendarmes, Chevaux-légers, Cavaliers, Carabiniers, Huſſards & Dragons, des galères: Fait en outre Sa Majeſté très-expreſſes défenſes auxdits Officiers, Gendarmes, Chevaux-légers, Cavaliers, Carabiniers, Huſſards & Dragons, de vendre aucun fourrage, & aux habitans des villes & lieux où ils ſeront logez & des environs, d'en acheter d'eux, ſur les mêmes peines auxdits Officiers d'être caſſez, & aux Gendarmes, Chevaux-légers, Cavaliers,

Carabiniers, Huſſards & Dragons, des galères, & ſur peine auxdits habitans de trois cens livres d'amende. Ordonne Sa Majeſté aux Commiſſaires des guerres employez à la police de ſes troupes, de délivrer auxdits Garde-magaſins ou Entrepreneurs, des extraits des revûes qu'ils en feront, & auxdits Garde-magaſins & Entrepreneurs de ne fournir le fourrage à chaque compagnie, que ſur le pied qu'ils verront par leſdits extraits qu'elle aura paſſé à la revûe qui en aura été faite, & qu'il n'en ſoit fourni à aucun des Officiers qui ne ſeront point compris pour préſens dans leſdits extraits, ſur leſquels ils compteront des fournitures qu'ils auront faites: ſe conformant à ce qui eſt marqué ci-deſſus pour les Officiers qui ſeront abſens par ſemeſtre, ſur des congés de Sa Majeſté, ou qui obtiendront des reliefs, aux équipages deſquels il ſera fourni du fourrage comme il eſt ci-deſſus ordonné.

III.

USTENSILE.

Infanterie. Sa Majesté a réglé que les compagnies d'Infanterie, outre leur ſolde, recevront l'uſtenſile pendant cent cinquante jours du quartier d'hiver, ſur le pied chacune de dix livres par jour, faiſant quinze cens livres pour cent cinquante jours, pour les régimens qui auront l'uſtenſile entier, & de quatre cens cinquante livres au Major; & ſur le pied de cinq livres par jour à chaque compagnie, faiſant ſept cens cinquante livres pour leſdits cent cinquante jours, pour les régimens qui n'auront que le demi-uſtenſile, & de deux cens vingt-cinq livres au Major: duquel uſtenſile le Lieutenant de la compagnie qui aura quinze cens livres, recevra quatre-vingt-dix livres, le Sous-lieutenant ou Enſeigne ſoixante livres, l'Aide-major du bataillon quinze livres; le Lieutenant de la compagnie qui n'aura que ſept cens cinquante livres, recevra quarante-cinq livres, le Sous-lieutenant ou Enſeigne trente livres, & l'Aide-major du bataillon ſept livres dix ſols: le reſtant à chaque compagnie sera payé au Capitaine, pour rendre sa compagnie complète en état de bien servir, & fournir des tentes à ses soldats pendant la campagne.

Comme Sa Majesté estime qu'il conviendra aux Officiers des troupes d'Infanterie françoise de ses armées, de faire conserver aux Capitaines une partie de leur ustensile, & aux Lieutenans, Sous-lieutenans ou Enseignes l'ustensile entier, pour leur être payé par égale portion, sçavoir, au Capitaine en cinq mois, à commencer du 10. juin de l'année prochaine, & aux Lieutenans, Sous-lieutenans & Enseignes en six mois, à commencer du 10. mai; Sa Majesté ordonne qu'il soit retenu cent cinquante livres à chaque Capitaine, & ce qui revient dudit ustensile à chaque Lieutenant, Sous-lieutenant ou Enseigne, pour leur être ainsi distribué. *Retenue sur l'Ustensile.*

Les Officiers réformez qui ont servi pendant la campagne dernière à la suite desdits régimens, recevront l'ustensile, sçavoir, chaque Colonel réformé deux cens soixante-dix livres, chaque Lieutenant-colonel cent quatre-vingts livres, chaque Capitaine quatre-vingt-dix livres, & chaque Lieutenant réformé trente livres. *Officiers réformez.*

GENDARMERIE.

Dix compagnies de Gendarmes.

Chacune des dix compagnies de Gendarmes Ecossois, Anglois, Bourguignons, de Flandres, de la Reine, de Monseigneur le Dauphin, de Bretagne, d'Anjou, de Berry & d'Orléans, recevra pendant les cent cinquante jours du quartier d'hiver, quatre-vingt-cinq places d'ustensile par jour, lesquelles seront distribuées (les grands Officiers n'en devant point avoir) sçavoir, deux places à chacun des quatre Maréchaux-des-logis qui sont en chacune desdites compagnies, les soixante-dix-sept autres places seront pour les deux Brigadiers, les deux Sous-brigadiers, le Porte-étendard, les soixante-dix Gendarmes & les deux Trompettes.

Chacune des six compagnies de Chevaux-légers de la Reine, de Monseigneur le Dauphin, de Bretagne, d'Anjou, de Berry & d'Orléans, recevra pendant lesdits cent cinquante jours, cent cinq places d'ustensile par jour, le *Six compagnies de Chevaux-légers.*

Capitaine-lieutenant en ayant dix, le Sous-lieutenant quatre, chacun des premier & second Cornettes trois, chacun des quatre Maréchaux-des-logis deux, & les soixante-dix-sept autres places feront pour les deux Brigadiers, les deux Sous-brigadiers, le Porte-étendard, les soixante-dix Chevaux-légers, & les deux Trompettes.

Timbaliers. Les huit Timbaliers qui servent dans les compagnies des Gendarmes Ecossois, Anglois, Bourguignons, de Flandres, de la Reine, de Monseigneur le Dauphin, & des Chevaux-légers de la Reine & de Monseigneur le Dauphin, recevront aussi par jour chacun une place d'ustensile pendant lesdits cent cinquante jours.

Cavalerie & Dragons. Chaque compagnie des régimens de Cavalerie, de Carabiniers, Hussards & Dragons, recevra l'ustensile pendant les cent cinquante jours du quartier d'hiver, sur le pied de six places par jour au Capitaine, de quatre places à chaque Lieutenant, quatre places au Sous-lieutenant qui est dans la compagnie colonelle du régiment du Colonel-général de la Cavalerie; pareille quantité à chacun des seconds Lieutenans qui sont dans la compagnie générale du régiment du Colonel général des Dragons, & dans celle de la Mestre-de-camp du régiment Mestre-de-camp général desdits Dragons; trois à chaque Cornette, deux à chaque Maréchal-des-logis, & une à chaque Brigadier, Cavalier, Carabinier, Hussard & Dragon, conformément aux états que Sa Majesté en fera expédier: observant que ces places attribuées aux Cavaliers, Carabiniers, Hussards & Dragons, doivent être remises au Capitaine, pour être employées au rétablissement & entretenement de sa compagnie, & la mettre en état de servir en campagne; à la réserve des cinq écus qui doivent être retenus, pour être distribuez auxdits Cavaliers, Carabiniers, Hussards & Dragons pendant la campagne, ainsi qu'il sera dit ci-après: Et pour chaque Etat-major de Cavalerie, de Carabiniers, Hussards & Dragons, il sera payé six places au Mestre-de-camp, quatre au Lieutenant-colonel, six au Major, quatre à l'Aide-major, & une à chacun des Aumônier & Chirurgien; six

ſix places à Monſ.[r] le Prince de Dombes Meſtre-de-camp-lieutenant du régiment Royal-des-Carabiniers; deux au Maréchal-des-logis de l'Etat-major du régiment Royal-allemand, deux au Prévôt, une à ſon Lieutenant, & une à chacun des Greffier, quatre Archers, un Executeur; une à l'Auditeur dans l'Etat-major du régiment de Roſen, & une à chacun des Greffier, trois Archers & un Exécuteur.

ROYAL-ALLEMAND.

ROSEN.

Les compagnies franches de Dragons recevront l'uſtenſile de même que les compagnies des régimens, conformément aux états qui en ſeront expédiez.

Compagnies franches de Dragons.

A l'égard des Officiers réformez de Cavalerie, de Carabiniers, de Huſſards & de Dragons, qui ont ordre de ſervir avec les régimens, & qui y auront fait la campagne dernière, Sa Majeſté ordonne que l'uſtenſile leur ſoit payé pendant les cent cinquante jours du quartier d'hiver, ſçavoir, ſix places par jour à chaque Meſtre-de-camp, cinq à chaque Lieutenant-colonel, quatre à chaque Capitaine, & deux à chaque Lieutenant.

Officiers réformez.

SOLDE.

SA MAJESTÉ ayant donné ſes ordres pour faire remettre aux Tréſoriers généraux de l'Extraordinaire des guerres & des troupes de ſa maiſon, les fonds néceſſaires pour le payement des appointemens & ſolde, Elle entend que le payement en ſoit fait aux Officiers, Soldats, Cavaliers, Carabiniers, Huſſards & Dragons, de dix jours en dix jours, & par avance, ſuivant les ordres particuliers que leſdits Tréſoriers généraux de l'Extraordinaire des guerres en recevront des Intendans; & pour les troupes d'Infanterie & de Cavalerie de ſa Maiſon, ſur les états de décharge qui ſeront expédiez aux Tréſoriers généraux deſdites troupes, ſur le pied & conformément à ce qui ſuit.

ARTICLE PREMIER.

CHACUNE des trois compagnies de Grenadiers du régiment des Gardes-françoiſes, compoſée d'un Capitaine,

GARDES-FRANÇOISES.

Compagnies de Grenadiers.

deux Lieutenans, deux Sous-lieutenans, deux Enſeignes, & cent dix hommes, dont ſix Sergens, trois Caporaux, neuf Anſpeſſades, quatre-vingt-huit Grenadiers & quatre Tambours, ſera payée ſur le pied de trois cens ſoixante livres huit ſols par mois au Capitaine, deux cens vingt-cinq livres ſeize ſols huit deniers à chaque Lieutenant, cent dix livres huit ſols quatre deniers à chaque Sous-lieutenant, ſoixante-treize livres ſix ſols huit deniers à chaque Enſeigne, quarante livres un ſol huit deniers à chacun des cinq premiers Sergens, trente-huit livres quinze ſols au ſixième Sergent, vingt-deux livres cinq ſols à chaque Caporal, dix-neuf livres quinze ſols à chaque Anſpeſſade & Tambour, ſeize livres quinze ſols à chaque Grenadier; pareilles ſeize livres quinze ſols pour la paye du Major, dix livres quinze ſols pour celle du Commiſſaire; & ſeize livres quinze ſols pour chacune des douze payes de gratification que Sa Majeſté accorde au Capitaine, ſa compagnie étant complète de cent dix hommes, huit ſeulement à cent quatre juſqu'à cent neuf, & rien au-deſſous dudit nombre de cent quatre hommes.

Compagnies de Fuſiliers.

Chacune des trente compagnies de Fuſiliers, compoſée d'un Capitaine, d'un Lieutenant, un Sous-lieutenant, deux Enſeignes, & cent cinquante hommes, dont ſix Sergens, trois Caporaux, neuf Anſpeſſades, cent vingt-huit Fuſiliers & quatre Tambours, ſera payée ſur le pied par mois, de deux cens cinquante-cinq livres au Capitaine, cent ſoixante-dix livres ſeize ſols huit deniers au Lieutenant, quatre-vingt-cinq livres huit ſols quatre deniers au Sous-lieutenant, cinquante-cinq livres à chaque Enſeigne, trente-cinq livres dix-huit ſols quatre deniers à chacun des quatre premiers Sergens, trente-quatre livres quatre ſols deux deniers à chacun des deux autres, dix-huit livres dix-huit ſols quatre deniers à chaque Caporal, dix-ſept livres cinq ſols à chaque Anſpeſſade & Tambour, quatorze livres quinze ſols à chaque Fuſilier; pareilles quatorze livres quinze ſols pour la paye du Major, dix livres quinze ſols pour celle du Commiſſaire; & pareilles dix livres quinze ſols pour chacune des quinze payes de gratification que Sa Majesté accorde au Capitaine, sa compagnie étant complète de cent cinquante hommes; quatorze de cent quarante-cinq à cent quarante-neuf; douze de cent trente à cent quarante-quatre inclusivement, & rien au-dessous dudit nombre de cent trente hommes: il sera de plus payé au Capitaine trente sols par jour, pour appointer les trente meilleurs Soldats de sa compagnie.

A l'égard des Officiers de l'Etat-major dudit régiment, ils continueront d'être payez de leurs appointemens suivant les états que Sa Majesté en fera expédier. *Etat-major.*

II.

CHACUNE des douze compagnies du régiment des Gardes-suisses, composée de deux cens hommes, les Officiers compris, sera payée à raison de vingt livres six sols par mois pour chaque homme & pour chacune des vingt-sept payes de gratification que Sa Majesté accorde au Capitaine, lorsque sa compagnie se trouve du nombre de cent soixante-quinze & au-dessus jusqu'à celui de deux cens: Sa Majesté trouve bon aussi de faire payer au Capitaine la somme de cent quarante-deux livres deux sols par mois, pour appointer les Porte-outils, & les plus anciens & plus apparens Soldats de sa compagnie. Au moyen de quoi ledit Capitaine doit avoir & entretenir un Lieutenant, à raison de cent cinquante livres par mois, un second Lieutenant à cent vingt livres, un Sous-lieutenant à quatre-vingt-dix livres, un Enseigne à soixante-quinze livres, deux Sergens à trente-cinq livres chacun, trois autres à trente livres, & trois autres à vingt-cinq livres, un Chirurgien à trente livres, quatre Trabans, cinq Tambours, un Fifre, six Caporaux, six Appointez, & cent soixante-quatre Soldats: Sa Majesté a aussi réglé qu'outre les Officiers ci-dessus, les Capitaines qui auront des régimens seront tenus d'avoir un Capitaine-lieutenant pour commander leur compagnie, qu'ils payeront à raison de deux cens livres par mois. *GARDES-SUISSES. Compagnies.*

Les Officiers de l'Etat-major, & ceux de la Compagnie générale dudit régiment des Gardes-suisses, *Etat-major du régiment, & Officiers de la*

Compagnie Générale. continueront à être payez suivant les états & ordres que Sa Majesté fera expédier.

I I I.

INFANTERIE FRANÇOISE.

A l'égard des troupes d'Infanterie françoise, y compris le régiment des Gardes de Lorraine, chaque bataillon composé de dix-sept compagnies, dont une de Grenadiers de quarante-cinq hommes, & seize de Fusiliers de quarante hommes chacune, sera payée, sçavoir, celle de Grenadiers, sur le pied de quatre livres six deniers par jour au Capitaine, trente-quatre sols dix deniers au Lieutenant, y compris deux sols dix deniers de supplément; vingt sols au Sous-lieutenant, douze sols à chacun des deux Sergens, huit sols six deniers à chacun des trois Caporaux, sept sols six deniers à chacun des trois Anspessades, six sols six deniers à chacun des trente-six Grenadiers & un Tambour; & six sols six deniers pour chacune des trois payes de gratification que le Capitaine doit recevoir, sa compagnie étant à quarante-quatre & quarante-cinq hommes; deux desdites payes, la compagnie étant à quarante-un, quarante-deux & quarante-trois, une seulement lorsqu'elle ne sera qu'à quarante, & rien au-dessous dudit nombre.

Compagnie de Grenadiers.

Soldats tirez pour les Grenadiers.

Le Capitaine de Grenadiers, au moyen du traitement ci-dessus, payera vingt-cinq livres de chaque Soldat qui sera tiré dans le régiment pour entrer dans sa compagnie.

Compagnies de Fusiliers.

Chacune des seize compagnies de Fusiliers sera payée sur le pied par jour de trois livres six sols huit deniers au Capitaine, y compris seize sols huit deniers de supplément; vingt-deux sols dix deniers au Lieutenant, y compris deux sols dix deniers de supplément; onze sols à chacun des deux Sergens, sept sols six deniers à chacun des trois Caporaux, six sols six deniers à chacun des trois Anspessades, cinq sols six deniers à chacun des trente-un Fusiliers & un Tambour. Le Capitaine, outre l'appointement ci-dessus, recevra trois payes de gratification de cinq sols six deniers chacune, lorsque sa compagnie se trouvera de trente-neuf & de

quarante

quarante hommes; deux desdites payes lorsqu'elle sera à trente-six, trente-sept & trente-huit, une seulement à trente-cinq, n'en pouvant prétendre aucune, sa compagnie étant au-dessous dudit nombre de trente-cinq hommes.

Soldats surnuméraires du régiment du Roy.

Les cinq hommes surnuméraires que Sa Majesté a bien voulu par son ordonnance du 7. septembre 1741. entretenir au delà du complet en chacune des soixante-huit compagnies de son régiment d'Infanterie, sans tirer à conséquence pour les autres régimens, continueront à recevoir leur solde sur le pied de six sols six deniers par jour à chaque Grenadier, & de cinq sols six deniers à chaque Fusilier qui sera présent aux revûes des Commissaires des guerres, jusqu'audit nombre de cinq par compagnie; sans que cela produise aucune augmentation dans les hautes payes, ni dans les payes de gratification desdites compagnies.

Enseignes & Lieutenans en second, conservez avec appointemens.

L'Enseigne qui est en chacune des compagnies Colonelle & Lieutenante-colonelle, le Lieutenant en second qui est conservé dans la troisième compagnie de Fusiliers des bataillons Colonels, & les trois Lieutenans en second aussi conservez dans les trois premières compagnies de Fusiliers des second, troisième & quatrième bataillons, sur le pied d'un dans chacune desdites trois premières compagnies, seront payez, sçavoir, chaque Enseigne, sur le pied par jour de dix-sept sols dix deniers, y compris deux sols dix deniers de supplément; & chaque Lieutenant en second, sur celui de treize sols quatre deniers aussi par jour.

Etat-major.

Les Officiers de l'Etat-major de chaque régiment d'Infanterie françoise, y compris ceux où il y a Prévôté, seront payez sur le pied de trente-trois sols quatre deniers par jour au Colonel, quarante-cinq sols au Lieutenant-colonel, y compris vingt-cinq sols de supplément, outre leurs appointemens de Capitaine; trois livres six sols huit deniers au Major, y compris seize sols huit deniers de supplément; trente-six sols deux deniers à l'Aide-major, y compris deux sols dix deniers de supplément; vingt sols au Maréchal-des-logis, & dix sols à chacun des Aumônier & Chirurgien.

Prévôté en trente-quatre régimens.

Les Officiers de la Prévôté qui est en chacun des régimens de Picardie, Champagne, Navarre, Piedmont, Normandie, la Marine, Rohan, Bourbonnois, Auvergne, Menaco, Bouzols, du Roi, Royal, Lyonnois, Dauphin, Anjou, Eu, la Reine, Royal-des-Vaisseaux, Orléans, la Couronne, Artois, Royal-Roussillon, Condé, Bourbon, Royal-la-Marine, Royal-Comtois, Biron, Nice, Penthiévre, Chartres, Conty, Enghien & Gardes de Lorraine, seront payez sur le pied par jour de vingt-six sols huit deniers au Prévôt, treize sols quatre deniers à son Lieutenant, huit sols quatre deniers au Greffier, & cinq sols à chacun des cinq Archers & à l'Exécuteur de justice.

Commandant & Aide-major de bataillon.

Le Commandant de bataillon qui n'est point chef de régiment, aura trente-six sols huit deniers par jour, dont seize sols huit deniers de supplément, outre ses appointemens de Capitaine; & l'Aide-major de chacun desdits bataillons, même le cinquième qui est dans le premier bataillon du régiment du Roi, recevra trente-six sols deux deniers, aussi par jour, y compris deux sols dix deniers de supplément: Voulant Sa Majesté que l'augmentation ci-dessus mentionnée, continue d'être payée ainsi qu'il est réglé par l'ordonnance du 20. Avril 1722.

Officiers réformez, à la suite des régimens.

Les Capitaines & Lieutenans réformez d'Infanterie, auxquels, en conformité de l'ordonnance du 25. Juin 1725. Sa Majesté a fait expédier ses ordres signez du Sécrétaire d'état de la guerre, pour servir à la suite des régimens, seront payez en passant présens aux revûes, sur le pied de trente-sept livres dix sols par mois à chaque Capitaine, & vingt livres à chaque Lieutenant.

Masse.

Outre la solde ci-dessus réglée pour les Sergens, Caporaux, Anspessades, Grenadiers, Soldats & Tambours, qui leur sera payée sans aucune retenue, au moyen de quoi ils doivent s'entretenir de linge & de chaussure, il sera donné vingt deniers par jour pour chaque Sergent, & dix deniers pour chacun des autres, même des trois cens quarante Soldats surnuméraires que Sa Majesté a bien voulu entretenir dans son régiment d'Infanterie, qui formeront une masse toûjours compléte pour chaque bataillon, sans avoir égard aux hommes qui pourroient manquer dans les compagnies; laquelle demeurera entre les mains du Trésorier, qui en donnera sa reconnoissance à la fin de chaque mois, au Major ou Officier chargé du détail du régiment; pour être ladite masse employée à l'habillement desdits régimens ou bataillons, & remise sur la main-levée des Directeurs ou Inspecteurs généraux, ainsi que par le passé.

Traitement du S.r de Moncamp.

Sa Majesté voulant confirmer le traitement qu'Elle a réglé au sieur de Moncamp par son ordonnance particulière du 25. décembre 1740. Elle ordonne qu'outre les appointemens de Capitaine de la compagnie qu'il commande dans le régiment des Gardes de Lorraine, il reçoive ceux de Colonel, & qu'il en soit payé sur le pied de trente-trois sols quatre deniers par jour, en passant présent aux revûes des Commissaires des guerres.

ROYAL-ARTILLERIE.

Compagnies de Sappeurs.

Les huit compagnies de chacun des cinq bataillons du régiment Royal-Artillerie, composées de cent hommes chacune, seront payées sur le pied par jour, sçavoir, celles de Sappeurs, composées chacune du Capitaine en pied, d'un Capitaine en second, d'un premier Lieutenant, d'un Lieutenant en second, deux Sous-lieutenans, deux Cadets, quatre Sergens, deux Tambours, quatre Caporaux, quatre Anspessades & quatre-vingt-quatre Sappeurs, & payées par jour, sçavoir, sept livres un sol au Capitaine en pied, trois livres au Capitaine en second, cinquante sols au premier Lieutenant, quarante sols au Lieutenant en second, trente sols à chacun des deux Sous-lieutenans, douze sols à chacun des deux Cadets, vingt sols six deniers à chacun des quatre Sergens, quatorze sols six deniers à chacun des quatre Caporaux, onze sols six deniers à chacun des quatre Anspessades, neuf sols six deniers à chacun de dix-huit des quatre-vingt-quatre Sappeurs, sept sols à chacun des soixante-six autres Sappeurs, & neuf sols six deniers à chacun des deux Tambours. Il sera accordé en outre sept sols pour chacune des dix payes de gratification que Sa Majesté accorde au Capitaine, ſur le pied des gradations portées ci-après pour les compagnies de Canonniers & de Bombardiers.

Compagnies de Canonniers.

Les cinq compagnies de Canonniers de chaque bataillon, ſeront compoſées chacune d'un Capitaine en pied, d'un Capitaine en ſecond, d'un premier Lieutenant, un Lieutenant en ſecond, deux Sous-lieutenans, deux Cadets, quatre Sergens, deux Tambours, quatre Caporaux, quatre Anſpeſſades & quatre-vingt-quatre Canonniers, & payées par jour, ſçavoir, ſept livres un ſol au Capitaine en pied, trois livres au Capitaine en ſecond, cinquante ſols au premier Lieutenant, quarante ſols au Lieutenant en ſecond, trente ſols à chacun des deux Sous-lieutenans, douze ſols à chacun des deux Cadets, vingt ſols ſix deniers à chacun des quatre Sergens, quatorze ſols ſix deniers à chacun des quatre Caporaux, onze ſols ſix deniers à chacun des quatre Anſpeſſades, neuf ſols ſix deniers à chacun de dix-huit des quatre-vingt-quatre Canonniers, ſept ſols à chacun de dix-huit autres, & ſix ſols à chacun des quarante-huit Canonniers reſtans, & neuf ſols ſix deniers à chacun des deux Tambours: il ſera accordé de plus ſix ſols pour chacune des dix payes de gratification, ſur le pied des gradations portées par l'article ci-après.

Compagnies de Bombardiers.

Les deux compagnies de Bombardiers de chaque bataillon, ſeront compoſées chacune d'un Capitaine en pied, un Capitaine en ſecond, un premier Lieutenant, un Lieutenant en ſecond, deux Sous-lieutenans, deux Cadets, quatre Sergens, deux Tambours, quatre Caporaux, quatre Anſpeſſades, ſeize Artificiers-Bombardiers, & ſoixante-huit Bombardiers, & payées par jour, ſçavoir, ſept livres un ſol au Capitaine en pied, trois livres au Capitaine en ſecond, cinquante ſols au premier Lieutenant, quarante ſols au Lieutenant en ſecond, trente ſols à chacun des deux Sous-lieutenans, douze ſols à chacun des deux Cadets, vingt ſols ſix deniers à chacun des quatre Sergens, quatorze ſols ſix deniers à chacun des quatre Caporaux, onze ſols ſix deniers à chacun des quatre Anſpeſſades, quinze ſols fols à chacun de quatre des feize Artificiers-Bombardiers, douze fols à chacun des fix autres, & dix fols auffi à chacun des fix autres Artificiers-Bombardiers : entendant Sa Majefté que l'augmentation de paye foit donnée feulement à ceux d'entr'eux qui fe diftingueront par leur zèle & capacité dans leur métier, & non à la fimple ancienneté du fervice; neuf fols fix deniers à chacun de douze des foixante-huit Bombardiers, fept fols à chacun de douze autres, & fix fols à chacun des quarante-quatre Bombardiers reftans, & neuf fols fix deniers à chacun des deux Tambours : il fera accordé de plus fix fols pour chacune des dix payes de gratification que Sa Majefté accorde au Capitaine de chaque compagnie de Canonniers & de Bombardiers, fa compagnie étant de quatre-vingt-quinze hommes jufqu'à cent, huit defdites payes de quatre-vingt-dix à quatre-vingt-quatorze, fix de quatre-vingt-cinq à quatre-vingt-neuf, quatre de quatre-vingt à quatre-vingt-quatre, deux de foixante-quinze à foixante-dix-neuf, & une feulement de foixante-dix à foixante-quatorze, le Capitaine n'en pouvant prétendre aucune, fa compagnie étant au deffous dudit nombre de foixante-dix hommes.

L'Etat-major de chacun defdits bataillons, fera payé à raifon de fix livres deux fols deux deniers au Lieutenant-colonel, outre fes appointemens de Capitaine; neuf livres trois fols trois deniers au Major, fix livres deux fols deux deniers à l'Aide-major, & dix fols à chacun des Aumônier & Chirurgien. *Etat-major.*

Il fera payé cinq livres par jour au Colonel-lieutenant dudit régiment, fçavoir, cinquante-cinq fols pour fes appointemens en ladite qualité, & quarante-cinq fols pour lui tenir lieu de la Prévôté que Sa Majefté a jugé à propos de fupprimer, ainfi que le Maréchal-des-logis, pour lequel traitement il fera expédié des ordonnances particulières payables à Paris.

Chacune des cinq compagnies de Mineurs, qui doivent fervir féparément ou avec lefdits bataillons, compofée de cinquante hommes, fera payée fur le pied par jour de fix livres cinq fols au Capitaine, de cinquante fols *Mineurs.*

au premier Lieutenant, quarante ſols au ſecond Lieutenant, trente ſols à chacun des deux Sous-lieutenans, vingt ſols ſix deniers à chacun des trois Sergens, quatorze ſols ſix deniers à chacun des trois Caporaux, onze ſols ſix deniers à chacun des trois Anſpeſſades, douze ſols à chacun des deux Cadets, dix ſols ſix deniers à chacun des ſeize Mineurs, ſept ſols à chacun des vingt-deux Apprentifs, neuf ſols ſix deniers au Tambour; & de ſept ſols pour chacune des cinq payes de gratification que Sa Majeſté accorde au Capitaine lorſque ſa compagnie ſera de quarante-ſept hommes & au-deſſus, juſqu'au complet de cinquante; quatre à quarante-cinq & quarante-ſix, trois à quarante-trois & quarante-quatre, deux à quarante-un & quarante-deux, une ſeulement à quarante, & rien au deſſous.

Surnuméraires dans la compagnie de Mineurs de Turmel.

Sa Majeſté ayant par ſon ordonnance particulière du 24 août 1744, établi qu'il ſeroit entretenu dans l'une des cinq compagnies de Mineurs ci-deſſus, commandée par le ſieur de Turmel, vingt-cinq Apprentifs ſurnuméraires, juſqu'à ce qu'Elle en ordonne autrement; ſon intention eſt qu'à commencer du premier novembre 1744, ils ſoient payez chacun de ſept ſols de ſolde par jour, ſans que cette augmentation en produiſe aucune dans les hautes payes ni dans les payes de gratification de la compagnie.

Ouvriers.

Chacune des cinq compagnies d'Ouvriers, compoſée de quarante hommes, qui doivent auſſi ſervir avec leſdits bataillons, ou ſéparément, ſera payée ſur le pied par jour de ſix livres au Capitaine, quarante ſols au Lieutenant, trente-cinq ſols au ſecond Lieutenant, vingt ſols à chacun des trois Maîtres-ouvriers, dix-huit ſols à chacun des trois Sous-maîtres-ouvriers, quinze ſols à chacun des ſeize Ouvriers, douze ſols à chacun des neuf autres, dix ſols à chacun des huit Apprentifs & un Tambour; & dix ſols pour chacune des quatre payes de gratification que Sa Majeſté accorde au Capitaine, ſa compagnie étant à trente-huit hommes & au-deſſus juſqu'au complet de quarante; trois à trente-ſix & trente-ſept, deux à trente-quatre & trente-cinq, & une ſeulement à trente-trois; ſans que le Capitaine en puisse prétendre aucune, sa compagnie étant au-dessous dudit nombre de trente-trois.

Surnuméraires dans la compagnie d'Ouvriers de Guille.

Sa Majesté ayant par son ordonnance particulière du 24 août 1744, établi qu'il seroit entretenu dans l'une des cinq compagnies d'Ouvriers ci-dessus, commandée par le sieur de Guille, vingt Apprentifs surnuméraires jusqu'à ce qu'Elle en ordonne autrement; son intention est qu'à commencer du premier novembre 1744, ils soient payez chacun de dix sols de solde par jour, sans que cette augmentation en produise aucune dans les hautes payes ni dans les payes de gratification de la compagnie.

Solde conservée à deux Mineurs.

Sa Majesté voulant continuer aux nommés Dauphiné & la Bastide Mineurs, la même solde qu'ils avoient anciennement dans les compagnies de Valliere & de de Lorme, jusqu'à ce qu'ils parviennent à d'autres grades équivalens; son intention est qu'au lieu de quatorze sols six deniers ci-dessus ordonnez aux Caporaux des compagnies de Mineurs, & de dix sols six deniers à chacun des seize Mineurs, il soit payé vingt sols par jour audit Dauphiné Caporal dans la compagnie de Turmel, & quinze sols aussi par jour audit la Bastide Mineur de la compagnie de de Lorme.

Masse du régiment Royal-Artillerie, & des compagnies de Mineurs & d'Ouvriers.

Outre la solde ci-dessus réglée, il sera payé, ainsi que dans les autres régimens d'Infanterie françoise, vingt deniers par jour pour chaque Sergent, & chacun des trois Maître-ouvriers dans les compagnies d'Ouvriers, & dix deniers pour chaque Caporal, Anspessade, Canonnier, Bombardier, Sappeur, Mineur, Sous-maître-ouvrier, Ouvrier, Apprentif, Cadet, Fusilier & Tambour, même pour les surnuméraires entretenus en conséquence de l'ordonnance particulière du 24 août 1744, sçavoir, vingt-cinq dans la compagnie de Mineurs de Turmel, & vingt dans celle d'Ouvriers de Guille, qui formeront une masse toûjours complète, laquelle sera délivrée sur la main-levée du Directeur général des écoles d'artillerie, & employée à l'habillement desdits bataillons & compagnies.

Régiment

Le régiment d'Arquebusiers de Grassin, de douze cens

d'Arquebusiers de Grassin.

Compagnies de Fusiliers.

hommes, dont neuf cens à pied & trois cens à cheval, levé par ordonnance du premier janvier 1744, les neuf cens à pied formant neuf compagnies de cent hommes chacune, commandées par un Capitaine, avec un premier Lieutenant & un Lieutenant en second, composées de quatre Sergens, un Fourrier, un Capitaine d'armes, deux Cadets, quatre Caporaux, quatre Anspessades, dix Grenadiers & soixante-quatorze Arquebusiers, y compris deux Tambours, seront payez sur le pied, sçavoir, de cinq livres par jour au Capitaine, trente sols au premier Lieutenant, vingt sols au Lieutenant en second; onze sols à chacun des quatre Sergens, dix sols au Fourrier, neuf sols au Capitaine d'armes, dix sols à chacun des deux Cadets, sept sols six deniers à chacun des quatre Caporaux, six sols six deniers à chacun des quatre Anspessades & dix Grenadiers, & cinq sols six deniers à chacun des soixante-quatorze Arquebusiers, y compris deux Tambours. Il sera de plus accordé au Capitaine huit payes de gratification de cinq sols six deniers chacune, sa compagnie étant au nombre de cent hommes, sept de quatre-vingt-quinze à quatre-vingt-dix-neuf, six de quatre-vingt-dix à quatre-vingt-quatorze, cinq de quatre-vingt-cinq à quatre-vingt-neuf, & quatre seulement de quatre-vingt à quatre-vingt-quatre; le Capitaine n'en devant prétendre aucune, sa compagnie étant au dessous dudit nombre de quatre-vingt.

Compagnies à cheval.

Les trois cens hommes à cheval formant six compagnies de cinquante hommes chacune, commandées par un Capitaine, avec un Lieutenant, un Cornette & un Maréchal-des-logis, composées de trois Brigadiers & quarante-sept Arquebusiers, y compris un Trompette ou Tambour, seront payez sur le pied par jour, sçavoir, de six livres au Capitaine, trois livres au Lieutenant, quarante-cinq sols au Cornette, vingt-six sols huit deniers au Maréchal-des-logis, neuf sols à chacun des Brigadiers, & sept sols à chacun des quarante-sept Arquebusiers, compris le Trompette ou Tambour.

Ordonne

Ordonne Sa Majesté qu'il soit entretenu sur pied dans chacune des compagnies Colonelle & Lieutenante-colonelle d'Infanterie & de Cavalerie dudit régiment, un Capitaine en second ou réformé, pour les commander en l'absence du Colonel & du Lieutenant-colonel, auxquels Capitaines il sera payé par mois, sçavoir, à ceux des compagnies d'Infanterie, quarante-cinq livres, & à ceux de Cavalerie, soixante-sept livres dix sols, en passant présens aux revûes des Commissaires des guerres.

Etat-major.

Quant à l'Etat-major dudit régiment, il sera payé au Colonel trois livres six sols huit deniers par jour, quarante sols au Lieutenant-colonel, outre les appointemens qu'ils toucheront comme Capitaine, six livres au Major, trois livres à chacun des deux Aide-majors, trente sols à l'Aumônier, & vingt sols au Chirurgien.

Masse du régiment d'Arquebusiers de Grassin.

Outre la solde ci-dessus, il sera fait un fonds pour la masse sur le pied complet, à raison de vingt deniers par jour pour chaque Sergent, & de dix deniers pour chaque Fourrier, Capitaine d'arme, Cadets, Caporaux, Anspessades, Grenadiers, Arquebusiers, Tambours dans les compagnies à pied, Brigadiers, Arquebusiers, Trompettes ou Tambours dans les compagnies à cheval.

Royal-Lorraine.

Le régiment Royal-Lorraine, formé par ordonnance du 30 janvier 1744, sur le pied de trois bataillons, chacun de neuf compagnies, dont une de Grenadiers de cinquante hommes, & huit de Fusiliers de soixante-quinze hommes chacune, sera payé sur le pied par jour, sçavoir,

Compagnie de Grenadiers.

Chaque compagnie de Grenadiers, de sept livres au Capitaine, quatre livres au Capitaine en second, quarante sols au Lieutenant en premier, trente-cinq sols au Lieutenant en second, douze sols à chacun des trois Sergens, huit sols six deniers à chacun des trois Caporaux, sept sols six deniers à chacun des trois Anspessades, & six sols six deniers à chacun des quarante Grenadiers & un Tambour.

Compagnies de Fusiliers.

Chaque compagnie de Fusiliers sera payée sur le pied par jour de six livres au Capitaine, trois livres dix-sols au Capitaine en second, trente-cinq sols au Lieutenant en premier, trente fols au Lieutenant en fecond, onze fols à chacun des quatre Sergens, fept fols fix deniers à chacun des fix Caporaux, fix fols fix deniers à chacun des fix Anfpeffades, & cinq fols fix deniers à chacun des cinquante-fept Fufiliers & deux Tambours.

Enfeignes. Il fera auffi payé par jour trente fols à chacun des neuf Enfeignes qui font dans les trois premières compagnies de Fufiliers de chaque bataillon.

Etat-major avec prévôté. L'Etat-major dudit régiment fera payé fur le pied par jour, fçavoir, fix livres au Colonel, quatre livres au Lieutenant-colonel, quarante fols à chacun des Commandans des deuxième & troifième bataillons, outre leurs appointemens de Capitaine, fix livres au Major, trois livres dix fols à chacun des trois Aide-majors, vingt fols au Maréchal-des-logis, dix fols à chacun des Aumônier & Chirurgien, vingt-fix fols huit deniers au Prévôt, treize fols quatre deniers à fon Lieutenant, huit fols quatre deniers au Greffier, & cinq fols à chacun des cinq Archers & à l'Exécuteur de juftice.

Maffe du régiment Royal-Lorraine. Outre la folde ci-deffus, il fera fait un fonds pour la maffe fur le pied complet, à raifon de vingt deniers par jour pour chaque Sergent, & de dix deniers pour chaque Caporal, Anfpeffade, Grenadier, Fufilier & Tambour.

WALONS. Les régimens Royal-Walon & de Bouffiers-Walon, levez par ordonnance du premier Juillet 1744, compofez chacun de deux bataillons, chaque bataillon de treize compagnies, dont une de Grenadiers de quarante-cinq hommes, & douze de Fufiliers de cinquante-cinq hommes chacune, feront payez, fçavoir,

Compagnies de Grenadiers. Chaque compagnie de Grenadiers fur le pied par jour de quatre livres fix deniers au Capitaine, trente-quatre fols dix deniers au Lieutenant, y compris deux fols dix deniers de fupplément, vingt fols au Sous-lieutenant, douze fols à chacun des deux Sergens, huit fols fix deniers à chacun des trois Caporaux, fept fols fix deniers à chacun des trois Anfpeffades, fix fols fix deniers à chacun des trente-fix Grenadiers & un Tambour, & fix fols fix deniers pour chacune des trois payes de gratification que le Capitaine recevra, sa compagnie étant à quarante-quatre & quarante-cinq hommes, deux desdites payes la compagnie étant à quarante-un, quarante-deux & quarante-trois, une seulement lorsqu'elle ne sera qu'à quarante, & rien au dessous dudit nombre.

Soldats tirez pour les Grenadiers.

Le Capitaine de Grenadiers, au moyen du traitement ci-dessus, payera vingt-cinq livres de chaque Soldat qui sera tiré dans le régiment pour entrer dans sa compagnie.

Compagnies de Fusiliers.

Chacune des douze compagnies de Fusiliers par bataillon, sera payée sur le pied par jour de trois livres six sols huit deniers au Capitaine, y compris seize sols huit deniers de supplément, vingt-deux sols dix deniers au Lieutenant, y compris deux sols dix deniers de supplément, treize sols quatre deniers au Sous-lieutenant, onze sols à chacun des trois Sergens, sept sols six deniers à chacun des trois Caporaux, six sols six deniers à chacun des cinq Anspessades, cinq sols six deniers à chacun des quarante-trois Fusiliers & un Tambour : le Capitaine, outre l'appointement ci-dessus, recevra quatre payes de gratification de cinq sols six deniers chacune, lorsque sa compagnie se trouvera de cinquante-quatre & cinquante-cinq hommes, trois desdites payes lorsqu'elle sera de cinquante-un, cinquante-deux & cinquante-trois, deux lorsqu'elle sera de quarante-huit, quarante-neuf & cinquante, & une seulement lorsqu'elle sera de quarante-cinq, quarante-six & quarante-sept, n'en pouvant prétendre aucune sa compagnie étant au dessous dudit nombre de quarante-cinq hommes.

Soldats Charpentiers.

Le Soldat Charpentier entretenu dans chacune des six premières compagnies de chaque bataillon, recevra trois deniers par jour d'augmentation de solde.

Enseignes.

L'Enseigne qui est en chacune des compagnies Colonelle & Lieutenante-colonelle, au lieu d'un Sous-lieutenant, sera payé par jour de dix-sept sols dix deniers y compris deux sols dix deniers de supplément.

Etat-major.

Les Officiers de l'Etat-major de chacun desdits deux régimens, seront payez sur le pied de trente-trois sols quatre deniers par jour au Colonel, quarante-cinq sols au Lieutenant-colonel, y compris vingt-cinq sols de supplément, outre leurs appointemens de Capitaine; trois livres six sols huit deniers au Major, y compris seize sols huit deniers de supplément; trente-six sols deux deniers à l'Aide-major, y compris deux sols dix deniers de supplément; vingt sols au Maréchal-des-logis, & dix sols à chacun des Aumônier & Chirurgien.

Commandans & Aide-majors des seconds bataillons. Le Commandant du second bataillon de chacun desdits régimens, sera payé sur le pied par jour de trente-six sols huit deniers, y compris seize sols huit deniers de supplément, outre ses appointemens de Capitaine; & l'Aide-major desdits bataillons, de trente-six sols deux deniers aussi par jour, y compris deux sols dix deniers de supplément.

Masse des régimens Walons. Outre la solde ci-dessus, il sera fait un fonds pour la masse sur le pied complet, à raison de vingt deniers par jour pour chaque Sergent, & de dix deniers pour chaque Caporal, Anspessade, Grenadier, Fusilier & Tambour.

FUSILIERS de MONTAGNE.

Compagnies. Les douze compagnies de chacun des deux bataillons de Fusiliers de Montagne, levez en Roussillon en conséquence de l'ordonnance du 12 février 1744, de cinquante hommes chacune, sans les Officiers, seront payées à raison de trois livres par jour au Capitaine, sa compagnie étant à cinquante hommes effectifs, sans les Officiers; cinquante sols lorsqu'elle sera de quarante-deux jusqu'à quarante-neuf, quarante-cinq sols lorsqu'elle sera de trente-cinq jusqu'à quarante-un, & quarante sols seulement lorsqu'elle ne sera qu'à trente-quatre hommes & au dessous, les Officiers non compris; trente sols au Lieutenant, vingt-cinq sols au Lieutenant en second de chaque première compagnie de bataillon, quinze sols à chacun des deux Brigadiers, onze sols à chacun des deux Sous-brigadiers, & neuf sols à chacun des quarante-cinq Fusiliers & un Tambour.

Etat-major. Le Commandant de chaque bataillon recevra quarante sols par jour outre ses appointemens de capitaine, l'Aide-major cinquante sols, l'Aumônier trente sols, & le Chirurgien

Chirurgien vingt-cinq sols; le Colonel commandant lesdits bataillons dix livres aussi par jour, & le Major desdits deux bataillons cinq livres.

MILICES.

Les bataillons de Milice levez dans les provinces du Royaume, composez chacun de douze compagnies, seront payez tant qu'ils serviront dans les places de guerre ou sur les frontières, sur le pied, sçavoir, chaque compagnie, de trois livres par jour au Capitaine, vingt sols au Lieutenant, onze sols à chacun des deux Sergens, sept sols six deniers à chacun des trois Caporaux, six sols six deniers à chacun des trois Anspessades, cinq sols six deniers à chaque Fusilier, & sept sols six deniers au Tambour.

Commandans & Aide-majors de bataillon.

Il sera payé, aussi par jour, trente sols au Lieutenant-Colonel, & où il n'y en aura pas, au Capitaine-Commandant de chaque bataillon, outre ses appointemens de Capitaine, & quarante-cinq sols à l'Aide-major.

Retenue sur la solde, pour linge & chaussure des Milices.

Veut Sa Majesté qu'il soit retenu sur la solde, un sol par jour à chaque Sergent, & six deniers à chaque Caporal, Anspessade, Fusilier & Tambour, pour faire une Masse qui sera remise entre les mains de l'Aide-major, pour leur être délivrée & employée par les soins des Commissaires des guerres, à les fournir de linge & de chaussure.

MILICES DE LORRAINE.

Chacun des neuf bataillons des trois régimens de Milice levez dans les Duchés de Lorraine & de Bar, composé de douze compagnies de cinquante hommes, sera payé tant qu'il servira dans les places de guerre ou sur les frontières, sur le pied par jour de trois livres au Capitaine de chacune desdites compagnies, vingt sols au Lieutenant, onze sols à chacun des deux Sergens, sept sols six deniers à chacun des trois Caporaux, six sols six deniers à chacun des trois Anspessades, cinq sols six deniers à chacun des quarante-un Fusiliers, & sept sols six deniers au Tambour.

Compagnies.

Etat-major.

Les Officiers de l'Etat-major de chacun desdits trois régimens, seront payez sur le pied par jour de quarante sols au Colonel, trente sols à chaque Commandant de bataillon, outre leurs appointemens de Capitaine; trois livres à chaque Major, & quarante-cinq sols à chaque Aide-major.

TROUPES BOULONNOISES.

Compagnie de Grenadiers.

Les régimens des troupes Boulonnoises, composez chacun de treize compagnies, seront payez pendant qu'ils serviront dans les places, sçavoir, la compagnie de Grenadiers de quarante-cinq hommes, sur le pied par jour de quatre livres six deniers au Capitaine, trente-quatre sols dix deniers au Lieutenant, douze sols à chacun des deux Sergens, huit sols six deniers à chacun des trois Caporaux, sept sols six deniers à chacun des trois Anspessades, six sols six deniers à chacun des trente-six Grenadiers & au Tambour; & six sols six deniers pour chacune des trois payes de gratification que le Capitaine doit recevoir, sa compagnie étant de quarante-cinq & quarante-quatre hommes, deux desdites payes la compagnie étant à quarante-un, quarante-deux & quarante-trois, une seulement lorsqu'elle ne sera qu'à quarante, & rien au dessous dudit nombre.

Compagnies de Fusiliers.

Chacune des douze compagnies de Fusiliers, composée de quarante hommes, sera payée à raison par jour de trois livres six sols huit deniers au Capitaine, vingt-deux sols dix deniers au Lieutenant, onze sols à chacun des deux Sergens, sept sols six deniers à chacun des trois Caporaux, six sols six deniers à chacun des trois Anspessades, & cinq sols six deniers à chacun des trente-un Fusiliers & un Tambour: le Capitaine, outre l'appointement ci-dessus, recevra trois payes de gratification de cinq sols six deniers chacune, lorsque sa compagnie se trouvera composée de quarante & trente-neuf hommes, deux desdites payes lorsqu'elle sera à trente-six, trente-sept & trente-huit, une seulement à trente-cinq; n'en pouvant prétendre aucune, sa compagnie étant au dessous dudit nombre de trente-cinq hommes.

Enseignes.

L'Enseigne qui est en chacune des compagnies Colonelle & Lieutenante-colonelle, sera payé sur le pied par jour de dix-sept sols six deniers.

Etat-major.

Les Officiers de l'Etat-major de chacun desdits

régimens, seront payez sur le pied par jour de trente-trois sols quatre deniers au Colonel, quarante-cinq sols au Lieutenant-colonel, outre leurs appointemens de Capitaine; trois livres six sols huit deniers au Major, trente-six sols deux deniers à l'Aide-major, vingt sols au Maréchal-des-logis, & dix sols à chacun des Aumônier & Chirurgien.

Masse des troupes Boulonnoises.

Outre la solde ci-dessus réglée pour les Sergens, Caporaux, Anspessades, Grenadiers, Soldats & Tambours, qui leur sera payée sans aucune retenue, au moyen de quoi ils doivent s'entretenir de linge & de chaussure, il sera donné vingt deniers par jour pour chaque Sergent, & dix deniers pour chacun des autres, qui formeront une Masse toûjours compléte pour chaque bataillon, sans avoir égard aux hommes qui pourroient manquer dans les compagnies; laquelle demeurera entre les mains du Trésorier, qui en donnera sa reconnoissance à la fin de chaque mois, au Major ou autre Officier chargé du détail du régiment, pour être ladite masse employée à l'habillement desdits régimens, & remise sur la main-levée de l'Inspecteur desdites troupes Boulonnoises.

COMPAGNIE de DREUX.

La compagnie de Dreux, qui est aux Isles Sainte-Marguerite & S. Honorat, composée d'un Capitaine, deux Lieutenans, deux Sergens, un Caporal, un Anspessade, trente Soldats & un Tambour, sera payée sur le pied par jour de quatorze livres trois sols quatre deniers au Capitaine, y compris onze livres cinq sols d'augmentation; trois livres trois sols quatre deniers à chacun des deux Lieutenans, y compris trente-trois sols quatre deniers d'augmentation; douze sols à chacun des deux Sergens, huit sols au Caporal, sept sols à l'Anspessade, six sols à chacun des trente Soldats & au Tambour; & le Chapelain qui est avec ladite compagnie, recevra seize sols huit deniers par jour.

COMPAGNIES FRANCHES d'Infanterie.

Partisans.

Compagnies.

Les compagnies de Bock, de Mandre, Galhau, Duchemin, Pauly, la Harte, la Croix, & Jacob, composées de cent cinquante hommes chacune, seront payées sur le pied par jour de sept livres dix sols au Capitaine en pied, trente sols au Capitaine réformé, vingt-sept sols huit deniers à chacun des Lieutenans en premier & en ſecond, ſeize ſols huit deniers à chacun des cinq Lieutenans réformez, onze ſols à chacun des ſix Sergens, neuf ſols ſix deniers à chacun des neuf Caporaux, ſept ſols ſix deniers à chacun des neuf Anſpeſſades, & cinq ſols ſix deniers à chacun des cent vingt-trois Fuſiliers & trois Tambours: le Capitaine recevra en outre huit payes de gratification de cinq ſols ſix deniers chacune, lorſque ſa compagnie ſe trouvera à cent quarante-quatre hommes & au-deſſus, juſqu'au complet de cent cinquante; ſix à cent quarante, cent quarante-un, cent quarante-deux & cent quarante-trois; quatre à cent trente-ſept, cent trente-huit & cent trente-neuf; deux à cent trente-cinq & cent trente-ſix, & rien au deſſous dudit nombre de cent trente-cinq.

Compagnie franche de le Gagneur.

La compagnie franche de Fuſiliers de le Gagneur, miſe ſur pied en conſéquence de l'ordonnance du 10 août 1744, ſera payée ſur le pied par jour de ſept livres dix ſols au Capitaine en pied, trente ſols à chacun du Capitaine en ſecond & des deux Capitaines réformez, vingt-ſept ſols huit deniers au Lieutenant en pied, ſeize ſols huit deniers à chacun des cinq Lieutenans en ſecond ou réformez, onze ſols à chacun des ſix Sergens, neuf ſols ſix deniers à chacun des neuf Caporaux, ſept ſols ſix deniers à chacun des neuf Anſpeſſades, & cinq ſols ſix deniers à chacun des cent vingt-trois Fuſiliers & trois Tambours: le Capitaine recevra en outre huit payes de gratification de cinq ſols ſix deniers chacune, lorſque ſa compagnie ſe trouvera à cent quarante-quatre hommes & au deſſus, juſqu'au complet de cent cinquante, ſix à cent quarante, cent quarante-un, cent quarante-deux & cent quarante-trois, quatre à cent trente-ſept, cent trente-huit & cent trente-neuf, deux à cent trente-cinq & cent trente-ſix, & rien au deſſous dudit nombre de cent trente-cinq.

Compagnies franches de Proviſy & Maſſanne.

Les compagnies de Proviſy & Maſſanne, de cent hommes chacune, levées par ordonnance du 26. décembre 1742, compoſées du Capitaine en pied, d'un Capitaine réformé, deux Lieutenans en pied, deux Lieutenans réformez,

réformez, quatre Sergens, six Caporaux, six Anspessades, & quatre-vingt-quatre Fusiliers, compris deux Tambours, seront payées sur le pied par jour de cinq livres au Capitaine en pied, trente sols au Capitaine réformé, vingt-sept sols huit deniers à chacun des deux Lieutenans, seize sols huit deniers à chacun des deux Lieutenans réformez, onze sols à chacun des quatre Sergens, neuf sols six deniers à chacun des six Caporaux, sept sols six deniers à chacun des six Anspessades, & cinq sols six deniers à chacun des quatre-vingt-deux Fusiliers & deux Tambours: le Capitaine recevra en outre six payes de gratification de cinq sols six deniers chacune, sa compagnie étant composée de quatre-vingt-quinze hommes & au dessus jusqu'à cent, les Officiers non compris; quatre desdites payes depuis quatre-vingt-dix jusqu'à quatre-vingt-quatorze, deux seulement depuis quatre-vingt jusqu'à quatre-vingt-neuf, & rien au dessous dudit nombre de quatre-vingt.

Compagnie de Damien.

La compagnie de Damien, de cinquante hommes, levée par ordonnance particulière du premier septembre 1743. composée du Capitaine, un Lieutenant, deux Sergens, trois Caporaux, trois Anspessades, quarante-un Fusiliers & un Tambour, sera payée sur le pied par jour de quatre livres au Capitaine, vingt-sept sols huit deniers au Lieutenant, onze sols à chacun des deux Sergens, neuf sols six deniers à chacun des trois Caporaux, sept sols six deniers à chacun des trois Anspessades, & cinq sols six deniers à chacun des quarante-un Fusiliers & un Tambour: le Capitaine recevra en outre trois payes de gratification de cinq sols six deniers chacune, sa compagnie étant composée de quarante neuf à cinquante hommes, deux desdites payes lorsqu'elle sera de quarante-six, quarante-sept & quarante-huit, une seulement à quarante-cinq, & rien au dessous dudit nombre.

Compagnie de Bruck.

La compagnie de Bruck, composée de cinquante Fusiliers-guides, sera payée sur le pied par jour de quatre livres au Capitaine, vingt-sept sols huit deniers au Lieutenant en pied, seize sols huit deniers au Lieutenant réformé, treize sols à chacun des deux Sergens, dix sols six deniers à chacun des trois Caporaux, huit sols six deniers à chacun des trois Anspessades, & six sols six deniers à chacun des quarante-un Fusiliers-guides & un Tambour: le Capitaine recevra en outre trois payes de gratification de six sols six deniers chacune, sa compagnie étant composée de quarante-neuf & cinquante hommes, deux lorsqu'elle sera de quarante-six, quarante-sept & quarante-huit, une seulement à quarante-cinq, & rien au dessous dudit nombre.

Officiers réformez attachez à la suite des compagnies franches d'Infanterie.

A l'égard des Officiers réformez entretenus à la suite desdites compagnies franches, ils seront payez, sçavoir, chaque Capitaine réformé sur le pied de quarante-cinq livres par mois, & les Lieutenans réformez de vingt-cinq livres aussi par mois, en passant présens aux revûes des Commissaires ordinaires des guerres.

Masse des compagnies franches d'Infanterie.

Outre la solde ci-dessus il sera payé vingt deniers par jour pour chaque Sergent, & dix deniers pour chaque Soldat, Fusilier-guide & Tambour, qui composeront une Masse toûjours compléte destinée à l'habillement desdites compagnies, laquelle sera délivrée sur la main-levée du Directeur ou Inspecteur général de l'Infanterie.

Compagnie franche de Chasseurs de Fischer.

La compagnie franche de Chasseurs de Fischer, composée de cent hommes, dont soixante à pied & quarante à cheval, sera payée sur le pied qui sera réglé par une ordonnance particulière.

Fourrage de la compagnie de Fischer.

Il sera fourni en outre du fourrage à cette compagnie pendant l'hiver, sur les états que Sa Majesté fera expédier pour ses troupes de cavalerie, sur le pied par jour de six rations au Capitaine, quatre rations à chaque Lieutenant, deux au Maréchal-des-logis, & une à chacun des quarante Chasseurs à cheval.

Compagnie d'Arquebusiers d'Aygoin.

La compagnie d'Arquebusiers d'Aygoin, de soixante hommes, levée en Roussillon en conséquence de l'ordonnance particulière du 10 février 1739, continuera d'être payée sur le pied par jour de cinq livres au Capitaine, trente sols à chacun des premier & second Lieutenans, quinze sols à chacun des trois Brigadiers, & neuf sols à chacun des cinquante-cinq Arquebusiers & deux Tambours.

Retenue pour l'habillement de la compagnie.

Il sera retenu pour l'habillement des Officiers & Arquebusiers de ladite compagnie, vingt sols par jour sur les appointemens du Capitaine, dix sols sur ceux de chaque Lieutenant, quatre sols sur la solde de chaque Brigadier, & deux sols sur celle de chaque Arquebusier & Tambour; laquelle retenue demeurera entre les mains du Commis de l'Extraordinaire des guerres en Roussillon, qui en donnera sa reconnoissance mois par mois au Capitaine de ladite compagnie, & il n'en remettra le fonds que sur la main-levée de l'Intendant de ladite province de Roussillon.

INVALIDES.

Les compagnies détachées de l'Hôtel royal des Invalides, de soixante hommes chacune, seront payées, à la réserve de celles dont il sera parlé ci-après, sur le pied par jour de cinquante sols au Capitaine, de vingt sols à chaque Lieutenant, dix sols à chacun des trois Sergens, sept sols à chacun des trois Caporaux, six sols à chacun des trois Anspessades, & cinq sols à chacun des cinquante Soldats & un Tambour: s'il se trouve des surnuméraires dans lesdites compagnies, les Commissaires des guerres les comprendront dans leurs revûes, & ils continueront d'être payez comme il a été réglé par l'Ordonnance du 22. juin 1737. de cinq sols de solde par jour.

Compagnie de Dupuy.

La compagnie de Dupuy, de quatre-vingts hommes, recevra le même traitement porté ci-dessus pour les compagnies dudit Hôtel, de soixante hommes, & les vingt hommes d'augmentation seront payez sur le pied de cinq sols chacun par jour.

Compagnie de Saint-Julien.

La compagnie de Saint-Julien, en garnison au château de Dijon, qui a été portée jusqu'à cent hommes par ordonnance particulière du 15 Octobre 1740, sera payée sur le pied par jour de cinquante sols au Capitaine, de vingt sols à chacun des cinq Lieutenans, dix sols à chacun des trois Sergens, sept sols à chacun des trois Caporaux, six sols à chacun des trois Anspessades, & cinq sols à chacun des quatre-vingt-onze Fusiliers, compris les Tambours.

Compagnie de Jacquet.

La compagnie de Jacquet, de soixante-dix hommes, sera payée à raison de cinquante sols par jour au Capitaine, pareils cinquante sols au Capitaine en second, vingt sols à chaque Lieutenant, douze sols à chacun des trois Sergens, neuf sols à chacun des trois Caporaux, huit sols à chacun des trois Anspessades, & sept sols à chacun des soixante Fusiliers & un Tambour.

Compagnies de bas-Officiers, de Chazal & de Beausoleil.

Les compagnies de Chazal & de Beausoleil, de bas-Officiers, de cent cinquante hommes chacune, seront payées sur le pied par jour de cinquante sols au Capitaine, pareils cinquante sols au Capitaine en second, vingt sols à chacun des six Lieutenans, douze sols à chacun des six Sergens, neuf sols à chacun des six Caporaux, huit sols à chacun des six Anspessades, & sept sols à chacun des cent trente Fusiliers & deux Tambours.

Compagnies de bas-Officiers, de d'Autanne, Bruchet & l'Arzillier.

Les compagnies de d'Autanne, Bruchet & l'Arzillier, aussi de bas-Officiers, qui servent à Luneville à la garde à pied du Roy de Pologne, composées chacune de cent quarante hommes, seront payées sur le pied par jour de trois livres au Capitaine, trente sols à chacun des trois Lieutenans, douze sols à chacun des six Sergens, neuf sols à chacun des six Caporaux, huit sols à chacun des six Anspessades, & sept sols à chacun des cent dix-huit Fusiliers & quatre Tambours; & le sieur la Croisete Aide-major, chargé du détail desdites compagnies, sera payé sur le pied de trois livres aussi par jour.

Compagnie de bas-Officiers de Dornet.

La compagnie de Dornet, aussi de bas-Officiers, servant à la citadelle de Challon-sur-Saône, composée de soixante-dix hommes, sera payée sur le pied par jour de cinquante sols au Capitaine, vingt sols à chacun des deux Lieutenans, douze sols à chacun des trois Sergens, neuf sols à chacun des trois Caporaux, huit sols à chacun des trois Anspessades, & sept sols à chacun des soixante-un Fusiliers, compris un Tambour.

Compagnies de bas-Officiers de d'Apremont.

La compagnie de bas-Officiers de d'Apremont, composée de quatre-vingts hommes, sera payée sur le pied par jour de cinquante sols au Capitaine, vingt sols à chacun

chacun des quatre Lieutenans, douze sols à chacun des quatre Sergens, neuf sols à chacun des quatre Caporaux, huit sols à chacun des quatre Anspessades, & sept sols à chacun des soixante-huit Fusiliers, compris un Tambour.

La compagnie de Merciére, en garnison à l'Orient, composée de cent hommes, sera payée sur le pied par jour de cinquante sols au Capitaine, vingt sols à chacun des cinq Lieutenans, dix sols à chacun des quatre Sergens, sept sols à chacun des quatre Caporaux, six sols à chacun des quatre Anspessades, & cinq sols à chacun des quatre-vingt-huit Fusiliers, compris les Tambours. *Compagnie de Merciére.*

IV.

INFANTERIE ETRANGERE.

QUANT aux troupes d'Infanterie étrangère que Sa Majesté entretient à son service, elles jouiront des appointemens & solde ci-après énoncez, sçavoir, les compagnies des neuf régimens Suisses & Grisons, composées chacune de cent soixante-quinze hommes, les Officiers compris, qu'Elle a destinez pour servir dans ses armées, même les quatre compagnies aussi de cent soixante-quinze hommes chacune, mises d'augmentation en chacun desdits neuf régimens par l'ordonnance du 22 septembre 1743, seront payées sur le pied de dix-sept livres huit sols par mois pour chaque homme & pour chacune des vingt-sept payes de gratification que Sa Majesté accorde au Capitaine, sa compagnie étant du nombre de cent soixante-six & au dessus jusqu'à cent soixante-quinze, les Officiers compris; dix-sept desdites payes, lorsqu'elle sera de cent cinquante-cinq jusqu'à cent soixante-cinq, seize depuis cent quarante-cinq jusqu'à cent cinquante-quatre inclusivement; & s'il arrivoit que la compagnie se trouvât au dessous dudit nombre de cent quarante-cinq hommes, elle ne sera payée que pour les effectifs, sans payes de gratification au Capitaine. *SUISSES & GRISONS.*

Les compagnies des régimens Suisses qui seroient remis à la solde de garnison, ne seront plus payées que sur le pied de seize livres par homme par mois & pour chaque paye de gratification; desquelles payes les Capitaines jouiront sur le pied des gradations portées par l'article ci-dessus.

Au moyen de la solde ci-dessus, chaque Capitaine doit avoir & entretenir dans sa compagnie, un Capitaine-lieutenant à cent livres par mois, un Lieutenant à soixante-quinze livres, un Sous-lieutenant à cinquante livres, un Enseigne à quarante-sept livres, deux Sergens à vingt-cinq livres chacun, deux autres à vingt livres, un Fourrier aussi à vingt livres, un Porte-enseigne & un Capitaine d'armes à dix-huit livres chacun, un Prévôt à quinze livres, six Caporaux, six Anspessades & cent cinquante Fusiliers, compris les Tambours & Fifre: étant à observer que dans les compagnies dont les Capitaines ne servent point au corps, le Capitaine-lieutenant doit recevoir cent trente livres, & qu'il doit y avoir deux Lieutenans au lieu d'un, payez chacun à soixante-quinze livres par mois.

Etat-major.

L'Etat-major de chacun des régimens Suisses & Grisons, destinez à servir dans les armées, sera payé à raison de dix-neuf cens soixante livres huit sols par mois; & ceux des régimens qui seroient à la solde de garnison, sur le pied de mille livres seulement, le payement devant en être fait où la compagnie Colonelle du régiment se trouvera.

Sur la composition des demi-compagnies, le service des Capitaines titulaires, & Capitaines-lieutenans commandans.

Comme il y a des compagnies qui sont composées de deux demi-compagnies Suisses & Grisonnes, de quatre-vingt-sept hommes chacune, pour faire le service d'une compagnie entière, l'intention de Sa Majesté est que le complet desdites deux compagnies soit aussi à cent soixante-six hommes & au dessus jusqu'à cent soixante-quinze, pour les payes de gratification, sans avoir égard si une des deux demi-compagnies est plus forte en nombre que l'autre; Sa Majesté laissant aux Capitaines la liberté de s'accommoder entr'eux là-dessus: & Elle trouve bon que lesdits Capitaines dont les compagnies seront ainsi couplées, y servent alternativement pendant un an, & que celui des deux qui pourra s'absenter, soit payé comme présent : Sa Majesté veut bien aussi que les Capitaines-lieutenans commandant les compagnies dont les Capitaines servent à d'autres emplois, s'absentent alternativement ; mais Elle ordonne que pendant l'année de leur absence ils ne reçoivent que cinquante livres par mois, au lieu de cent trente qu'ils ont pendant l'année de leur service.

Appointemens d'Officiers des troupes Suisses licenciées.

Sa Majesté ayant par son ordonnance du premier mai 1737, entretenu avec des appointemens, dans les régimens Suisses, les Officiers des compagnies qui avoient été levées en vertu des ordonnances des 10 novembre 1733 & premier juin 1734, & qui ont été licenciées à la réforme du 8 janvier 1737 ; mais plusieurs desdits Officiers ayant depuis quitté le service, ou été remplacez, il n'est nécessaire de rappeller ici que ceux qui existent actuellement dans les régimens, lesquels continueront d'être payez en conséquence de l'état ci-après.

REGIMENS où ils doivent servir.	NOMS DES OFFICIERS.	Appointemens dont ils doivent jouir par an.
VIGIER....	GEORGE-ANTOINE GILLY, en dernier lieu Capitaine-commandant, & auparavant Sous-lieutenant dans le régiment de Courten. . . .	600. liv.
MONIN....	JEAN-LOUIS PERDRIAU, en dernier lieu Capitaine-commandant, & auparavant Sous-lieutenant dans le régiment de Diesbach. . . .	600.

Lesdits Officiers ne pourront être payez qu'en passant présens aux revûes des Commissaires des guerres des régimens où ils doivent servir, & les appointemens qui leur sont ci-dessus réglez, seront supprimez du jour de leur remplacement. Lorsqu'ils auront des affaires qui exigeront leur présence chez eux, Sa Majesté voudra bien leur faire expédier des congés pour quatre mois seulement de chaque année, pendant lesquels ils seront passez absens comme présens, & payez de leurs appointemens à leur retour: Déclarant Sa Majesté qu'Elle ne leur accordera point de prolongation ni de relief, sous quelque prétexte que ce soit, & que s'il arrivoit que quelqu'un d'entr'eux fût absent pendant six mois au delà de son congé, Sa Majesté donneroit ses ordres pour le faire ôter de l'état du régiment.

Compagnie Suisse d'Heuberger.

La compagnie Suisse d'Heuberger, de quatre-vingts hommes, doit avoir la moitié des Officiers ci-dessus marquez pour une compagnie de cent soixante-quinze hommes, & être payée sur le pied de seize livres par homme par mois, & pour chacune des treize payes & demie de gratification que le Capitaine doit avoir, sa compagnie étant de soixante-douze jusqu'à quatre-vingts hommes, les Officiers compris, huit desdites payes à soixante-cinq & au dessus jusqu'à soixante-onze inclusivement; ne devant être payé que pour les effectifs, sans paye de gratification, si la compagnie se trouve au dessous dudit nombre de soixante-cinq.

Compagnies de Reynold, & de Travers.

Les compagnies Suisses de Reynold, & de Grison de Travers, de cinquante hommes chacune, les Officiers compris, doivent avoir le quart des Officiers d'une compagnie de cent soixante-quinze hommes, & être payées sur le pied de seize livres par mois par homme & paye de gratification: le Capitaine recevra sept desdites payes de gratification, quand sa compagnie se trouvera de quarante-deux jusqu'à cinquante hommes, & cinq payes lorsqu'elle sera de trente-huit jusqu'à quarante-un; sans que le Capitaine puisse prétendre aucune paye de gratification, la compagnie étant au dessous dudit nombre de trente-huit, les Officiers compris.

Retenue pour l'absence des Officiers Suisses & Grisons.

S'il arrive qu'un Officier des compagnies des régimens Suisses & Grisons, & des compagnies d'Heuberger, Reynold & Travers, s'absente sans congé, ou qu'il outrepasse celui qui lui aura été accordé, il sera retenu sur la solde de ladite compagnie, outre la paye personnelle de l'Officier, huit payes par mois pour l'absence du Capitaine ou ou Capitaine-lieutenant, six payes pour celle du Lieutenant ou second Lieutenant, quatre pour le Sous-lieutenant, & trois pour celle de l'Enseigne, pendant le tems que l'absence de l'Officier aura duré.

ALLEMANDS.

SIX RÉGIMENS.

Compagnies.

Les vingt-quatre compagnies qui composent les quatre bataillons du régiment d'Alsace, & les dix-huit des trois bataillons de chacun des régimens d'Infanterie Allemande de Saxe, la Marck, Royal-Suédois, Royal-Bavière & Lowendal, de cent dix hommes chacune, seront payées sur le pied de quatorze livres dix sols par mois par homme, & pour chacune des quatorze payes de gratification que Sa Majesté accorde au Capitaine, sa compagnie étant de cent cinq à cent dix hommes, douze de cent à cent quatre, dix de quatre-vingt-quinze à quatre-vingt-dix-neuf, huit de quatre-vingt-dix à quatre-vingt-quatorze, six de quatre-vingt-cinq à quatre-vingt-neuf, & quatre seulement de quatre-vingt à quatre-vingt-quatre inclusivement; le Capitaine ne devant être payé que pour les effectifs lorsque sa compagnie se trouvera au dessous dudit nombre de quatre-vingt. Il sera payé en outre quatre-vingt-dix livres par mois au Capitaine en pied, pour ses appointemens, pareilles quatre-vingt-dix livres au Capitaine réformé, soixante livres au premier Lieutenant, cinquante-une livres à chacun des second Lieutenant & des deux Lieutenans en second, & quarante-huit livres à l'Enseigne de chaque compagnie: Entendant Sa Majesté que dans ledit nombre de cent dix hommes, soient compris & payez par le Capitaine, un premier Sergent à treize sols par jour, deux autres à douze sols, un quatrième à onzé sols, un Fourrier & un Capitaine d'armes à neuf sols chacun, deux Fourriers-schutz à huit sols chacun, quatre Caporaux & trois Tambours à sept sols chacun, huit Anspessades & huit Grenadiers à six sols chacun, & soixante-dix-neuf Fusiliers à cinq sols six deniers chacun.

Etat-major & Prévôté des six régimens Allemands.

Il sera payé pour l'Etat-major de chacun desdits régimens, mille livres par mois au Colonel, cent soixante livres au Lieutenant-colonel, outre ce qu'ils reçoivent comme Capitaine; trois cens livres au Major, cent livres à l'Interprète, quatre-vingt-dix livres à l'Aide-major qui ne pourra y avoir d'autre charge, quarante-cinq livres à l'Aumônier, cinquante livres à chacun des Chirurgien & Auditeur, quarante livres au Prévôt, vingt livres à chacun des Greffier & Tambour-major, dix-huit livres à chacun des deux Archers & à l'Exécuteur de justice; soixante livres à chaque Commandant des second, troisième & quatrième bataillons du régiment d'Alsace, & des second & troisième bataillons des cinq autres régimens, outre ce qu'il reçoit comme Capitaine, & quatre-vingt-dix livres à chaque Aide-major desdits second, troisième & quatrième bataillons.

Commandans & Aide-majors de bataillons.

Officiers réformez, Colonels & Lieutenans-colonels.

Les Colonels & Lieutenans-colonels réformez, entretenus à la suite desdits régimens, seront payez sur le pied de cent trente-six livres dix-sept sols six deniers par mois, à l'exception de ceux auxquels il a été expédié des ordres par lesquels il leur est réglé un traitement particulier, dont ils continueront de jouir.

Capitaines & Lieutenans.

A l'égard des Capitaines & Lieutenans réformez, entretenus à la suite desdits régimens, ceux qui composent les brigades qui en sont détachées, & ceux qui ont des ordres pour servir dans les places, ou qui en obtiendront par la suite, ils seront payez en conformité de l'Ordonnance du premier mai 1737, & de l'état y joint, sçavoir, les Capitaines de la première classe à quatre-vingt-dix livres par mois, ceux de la seconde à soixante livres, ceux de la troisième à cinquante livres, & ceux de la quatrième à trente-sept livres dix sols: & les Lieutenans de la première classe à quarante-huit livres, ceux de la seconde à trente livres, & ceux de la troisième à vingt livres.

Commandans des brigades d'Alsace, la Marck & Royal-Suédois.

Les sieurs de Valbrun commandant la brigade d'Alsace, Camberfort commandant la brigade de la Marck, & Hieronimi commandant celle de Royal-Suédois, continueront d'être payez sur le pied de quatre-vingt-dix livres chacun par mois; & ceux qui les remplaceront dans le commandement desdites brigades, recevront le même traitement.

Le sieur Delort commandant la brigade à la paye françoise, recevra, suivant l'article VII de ladite ordonnance du premier mai 1737, vingt-cinq livres par mois en ladite qualité, outre les trente-sept livres dix sols à lui attribuez aussi par mois en celle de Capitaine. *Commandant de la brigade françoise.*

Le régiment d'Infanterie étrangère levé par le Baron de Bergh dans le pays de Bergues & de Juliers, en vertu de l'Ordonnance du 12 août 1744, composé d'un bataillon de six compagnies de cent dix hommes chacune sans les Officiers, sera payé, sçavoir, *RÉGIMENT d'INFANTERIE ÉTRANGÈRE DE BERGH.*

Chaque compagnie sur le pied de quatorze livres dix sols par mois par homme, & pour chacune des quatorze payes de gratification que Sa Majesté accorde au Capitaine, sa compagnie étant de cent cinq à cent dix hommes, douze de cent à cent quatre, dix de quatre-vingt-quinze à quatre-vingt-dix-neuf, huit de quatre-vingt-dix à quatre-vingt-quatorze, six de quatre-vingt-cinq à quatre-vingt-neuf, & quatre seulement de quatre-vingt à quatre-vingt-quatre inclusivement; le Capitaine ne devant être payé que pour les effectifs, lorsque sa compagnie se trouvera au dessous dudit nombre de quatre-vingt. Il sera payé en outre quatre-vingt-dix livres par mois au Capitaine en pied pour ses appointemens, pareilles quatre-vingt-dix livres au Capitaine réformé, soixante livres au premier Lieutenant, cinquante-une livres au Lieutenant en second, & quarante-huit livres à l'Enseigne : Entendant Sa Majesté que dans ledit nombre de cent dix hommes, soient compris & payez par le Capitaine, un premier Sergent à treize sols par jour, deux autres à douze sols chacun, un quatrième à onze sols, un Fourrier & un Capitaine d'armes à neuf sols chacun, deux Fourriers-schutz à huit sols chacun, quatre Caporaux & trois Tambours à sept sols chacun, huit Anspessades & huit Grenadiers à six sols chacun, & soixante-dix-neuf Fusiliers à cinq sols six deniers chacun. *Compagnies.*

L'Etat major dudit régiment sera payé sur le pied, *Etat-major & Prévôté.*

ſçavoir, de cinq cens ſoixante livres par mois au Colonel, tant pour lui, outre ſon traitement de Capitaine, que pour l'entretien de l'Aumônier, du Chirurgien, de l'Auditeur, du Prévôt, du Greffier, du Tambour-major, des deux Archers & de l'Exécuteur de juſtice; de cent cinquante livres par mois au Lieutenant-colonel, outre ſon traitement de Capitaine, deux cens livres au Major, & quatre-vingt-dix livres à l'Aide-major, qui ne pourra avoir d'autre charge dans le régiment.

RÉGIMENT ROYAL-ITALIEN.

Compagnie de Grenadiers.

Le régiment Royal-Italien, composé de douze compagnies de cinquante hommes chacune, ſera payé, ſçavoir, la compagnie de Grenadiers, ſur le pied de ſix livres par jour au Capitaine, trois livres quatre ſols au Lieutenant, deux livres au Sous-lieutenant, quinze ſols à chacun des trois Sergens, dix ſols dix deniers à chacun des trois Caporaux, neuf ſols cinq deniers à chacun des cinq Anſpeſſades & un Tambour, & huit ſols à chacun des trente-huit Grenadiers: le Capitaine aura en outre ſept payes de gratification de huit ſols chacune, dont il en recevra trois, ſa compagnie étant compoſée de quarante-deux à quarante-quatre hommes, cinq lorſqu'elle ſera de quarante-cinq à quarante-ſept, & ſept de quarante-huit à cinquante; ne devant avoir aucune deſdites payes de gratification lorſqu'elle ſe trouvera au deſſous du nombre de quarante-deux hommes.

Compagnies de Fuſiliers.

Chacune des onze compagnies de Fuſiliers dudit régiment, ſera payée ſur le pied de cinq livres par jour au Capitaine, deux livres au Lieutenant, trente ſols à l'Enſeigne, quatorze ſols à chacun des trois Sergens, neuf ſols dix deniers à chacun des trois Caporaux, huit ſols cinq deniers à chacun des cinq Anſpeſſades & un Tambour, ſept ſols ſix deniers à chacun des dix Appointez, & ſept ſols à chacun des vingt-huit Fuſiliers: le Capitaine aura en outre ſept payes de gratification de ſept ſols chacune, dont il en recevra trois, ſa compagnie étant compoſée de quarante-deux à quarante-quatre hommes, cinq lorſqu'elle ſera de quarante-cinq à quarante-ſept,

& ſept

& fept de quarante-huit à cinquante; ne devant avoir aucune paye de gratification lorfqu'elle fe trouvera au deffous du nombre de quarante-deux hommes.

Etat-major & Prévôté du régiment Royal-Italien.

L'Etat-major dudit régiment fera payé fur le pied de feize livres treize fols quatre deniers par jour au Colonel, quatre livres au Lieutenant-colonel, outre leurs appointemens de Capitaine, dix livres au Major, cinq livres à l'Interprète, trois livres à l'Aide-major, trente fols au Maréchal-des-logis, quarante fols à l'Aumônier, quinze fols au Chirurgien, quarante fols au Prévôt, vingt fols à fon Lieutenant, douze fols fix deniers au Greffier, huit fols quatre deniers à chacun des cinq Archers & à l'Exécuteur de juftice, & dix fols au Tambour-major.

Officiers réformez du régiment Royal-Italien.

Il fera payé cent livres par mois à chaque Colonel réformé entretenu à la fuite dudit régiment, quatre-vingt-trois livres fix fols huit deniers à chaque Lieutenant-colonel, foixante livres à chaque Capitaine, & trente livres à chaque Lieutenant.

Officiers de la brigade détachée dudit régiment.

Chaque Capitaine réformé fervant dans ladite brigade, recevra foixante livres d'appointemens par mois, & chaque Lieutenant trente livres.

RÉGIMENT ROYAL-CORSE.

Le régiment Royal-Corfe, dont la levée a été faite & le payement réglé en conféquence des ordonnances particulières de Sa Majefté des 10 & 31 août 1739, fur le pied de douze compagnies de cinquante hommes chacune, continuera d'être payé, fçavoir, celle de Grenadiers, à raifon de fix livres par jour au Capitaine, trois livres quatre fols au Lieutenant, deux livres au Sous-lieutenant, quinze fols à chacun des deux Sergens, dix fols dix deniers à chacun des trois Caporaux, neuf fols cinq deniers à chacun des cinq Anfpeffades & un Tambour, & huit fols à chacun des trente-neuf Grenadiers: le Capitaine aura en outre cinq payes de gratification de huit fols chacune, dont il en recevra trois, fa compagnie étant compofée de quarante hommes, quatre lorfqu'elle fera de quarante-un à quarante-cinq, & cinq de quarante-fix à cinquante; ne devant avoir aucune defdites payes de gratification lorfqu'elle

Compagnie de Grenadiers.

se trouvera au dessous du nombre de quarante hommes.

Compagnies de Fusiliers.

Chacune des onze compagnies de Fusiliers sera payée sur le pied de cinq livres par jour au Capitaine, deux livres au Lieutenant, trente sols à l'Enseigne, quatorze sols à chacun des deux Sergens, neuf sols dix deniers à chacun des trois Caporaux, huit sols cinq deniers à chacun des cinq Anspessades & un Tambour, sept sols six deniers à chacun des dix Appointés, & sept sols à chacun des vingt-neuf Fusiliers: le Capitaine recevra en outre cinq payes de gratification de sept sols chacune, dont il en aura trois, sa compagnie étant composée de quarante hommes, quatre lorsqu'elle sera de quarante-un à quarante-cinq, & cinq de quarante-six à cinquante; ne devant avoir aucune desdites payes de gratification lorsqu'elle se trouvera au dessous du nombre de quarante hommes.

Etat-major du régiment Royal-Corse, sans Prévôté.

L'Etat-major dudit régiment sera payé sur le pied de seize livres treize sols quatre deniers par jour au Colonel, trois livres au Lieutenant-colonel, outre leurs appointemens de Capitaine, huit livres au Major, trois livres à l'Aide-major, trente sols au Maréchal-des-logis, quarante sols à l'Aumônier, quinze sols au Chirurgien, & dix sols au Tambour-major.

Officiers réformez du régiment Royal-Corse.

Les Officiers réformez que Sa Majesté jugera à propos d'entretenir à la suite dudit régiment, seront payez de leurs appointemens sur le pied par mois, sçavoir, de cent livres à chaque Colonel, quatre-vingt-trois livres six sols huit deniers à chaque Lieutenant-colonel, soixante livres à chaque Capitaine, & trente livres à chaque Lieutenant.

RÉGIMENT ROYAL-ECOSSOIS.

Le régiment d'Infanterie Royal-Ecossois, levé par Milord Drummond de Perth, composé d'un bataillon de douze compagnies, dont une de Grenadiers & onze de Fusiliers, de cinquante-cinq hommes chacune sans les Officiers, sera payé, sçavoir,

Compagnie de Grenadiers.

La compagnie de Grenadiers sur le pied par jour de six livres au Capitaine, trois livres six sols huit deniers au Capitaine réformé, trois livres dix sols au Lieutenant, trente sols au Lieutenant réformé, seize sols à chacun des deux Sergens, onze sols six deniers à chacun des trois Caporaux, dix sols six deniers à chacun des trois Anspessades, & neuf sols six deniers à chacun des quarante-six Grenadiers & un Tambour: le Capitaine, outre l'appointement ci-dessus, recevra cinq payes de gratification de neuf sols six deniers chacune, lorsque sa compagnie se trouvera de cinquante-cinq hommes, quatre desdites payes lorsqu'elle sera à cinquante-trois & cinquante-quatre hommes, trois à cinquante, cinquante-un & cinquante-deux, deux à quarante-huit & quarante-neuf, & une à quarante-cinq, quarante-six & quarante-sept hommes; le Capitaine n'en pouvant prétendre aucune sa compagnie étant au-dessous dudit nombre de quarante-cinq hommes.

Compagnies de Fusiliers.

Chacune des onze compagnies de Fusiliers sera payée sur le pied par jour de cinq livres au Capitaine, trois livres six sols huit deniers au Capitaine réformé, quarante-cinq sols au Lieutenant, trente sols au Lieutenant réformé, quinze sols à chacun des deux Sergens, dix sols six deniers à chacun des trois Caporaux, neuf sols six deniers à chacun des trois Anspessades, & huit sols six deniers à chacun des quarante-six Fusiliers & un Tambour: le Capitaine recevra en outre cinq payes de gratification de huit sols six deniers chacune, lorsque sa compagnie se trouvera de cinquante-cinq hommes, quatre desdites payes lorsqu'elle sera à cinquante-trois & cinquante-quatre hommes, trois à cinquante, cinquante-un & cinquante-deux, deux à quarante-huit & quarante-neuf, & une à quarante-cinq, quarante-six & quarante-sept hommes; le Capitaine n'en pouvant prétendre aucune sa compagnie étant au dessous dudit nombre de quarante-cinq hommes.

Etat-major.

Les Officiers de l'Etat-major seront payez sur le pied par jour de treize livres six sols huit deniers au Colonel, quarante-cinq sols au Lieutenant-colonel, outre leurs appointemens de Capitaine, six livres treize sols quatre deniers au Major, cinq livres à l'Interprète, trois livres à l'Aide-major, quarante sols à l'Aumônier, & trente sols à chacun des Chirurgien & Maréchal-des-logis.

Le Colonel dudit régiment jouira de quatre mille ſept cens livres de penſion attachée à ſa charge, au moyen de quoi il ne pourra rien retenir ſur la maſſe des Sergens, Caporaux, Anſpeſſades, Grenadiers, Soldats & Tambours, qui doivent recevoir leur paye entière, à la déduction ſeulement de ce qui ſera mis à la maſſe pour leur habillement.

IRLANDOIS.

BULKELEY, CLARE & DILLON.

Les régimens Irlandois de Bulkeley, Clare & Dillon, compoſez chacun d'un bataillon, réduit à treize compagnies en conſéquence de l'Ordonnance du premier octobre 1744, dont une de Grenadiers de quarante-cinq hommes, & douze de Fuſiliers de cinquante hommes chacune ſans les Officiers, ſeront payez, ſçavoir :

Compagnie de Grenadiers.

La compagnie de Grenadiers, ſur le pied de ſix livres par jour au Capitaine, trois livres ſix ſols huit deniers au Capitaine réformé, trois livres dix ſols au Lieutenant, trente ſols au Lieutenant réformé, ſeize ſols à chacun des deux Sergens, onze ſols ſix deniers à chacun des trois Caporaux, dix ſols ſix deniers à chacun des trois Anſpeſſades, & neuf ſols ſix deniers à chacun des trente-ſix Grenadiers & un Tambour: le Capitaine recevra trois payes de gratification de neuf ſols ſix deniers chacune par jour, ſa compagnie étant à quarante-cinq & quarante-quatre hommes, deux deſdites payes la compagnie étant à quarante-un, quarante-deux & quarante-trois hommes, une ſeulement lorſqu'elle ne ſera qu'à quarante, & rien au deſſous dudit nombre de quarante hommes.

Compagnies de Fuſiliers.

Chacune des douze compagnies de Fuſiliers, ſur le pied par jour de cinq livres au Capitaine, trois livres ſix ſols huit deniers au Capitaine réformé, quarante-cinq ſols au Lieutenant, trente ſols au Lieutenant réformé, quinze ſols à chacun des deux Sergens, dix ſols ſix deniers à chacun des trois Caporaux, neuf ſols ſix deniers à chacun des trois Anſpeſſades, & huit ſols ſix deniers à chacun des quarante-un Fuſiliers & un Tambour : le Capitaine recevra quatre payes de gratification de huit ſols ſix deniers chacune, ſa compagnie étant à quarante-huit, quarante-

neuf

neuf & cinquante, trois desdites payes lorsqu'elle sera à quarante-six & quarante-sept; deux à quarante-quatre & quarante-cinq, une seulement à quarante-deux & quarante-trois; n'en pouvant prétendre aucune, sa compagnie étant au dessous dudit nombre de quarante-deux hommes.

Cadets. Les seize Cadets qui doivent être entretenus dans la compagnie Colonelle de chaque régiment, qui tiendront lieu de pareil nombre de Soldats, seront payez sur le pied de treize sols chacun par jour.

Enseignes. Outre les Officiers ci-dessus, l'Enseigne qui est en chacune des compagnies Colonelle & Lieutenante-colonelle desdits régimens, recevra trente-six sols par jour.

Etat-major. L'Etat-major de chacun desdits régimens sera payé sur le pied par jour de treize livres six sols huit deniers au Colonel, quarante-cinq sols au Lieutenant-colonel, outre leurs appointemens de Capitaine; six livres treize sols quatre deniers au Major, cinq livres à l'Interprète, trois livres à l'Aide-major, quarante sols à l'Aumônier, & trente sols à chacun des Chirurgien & Maréchal-des-logis.

La pension de quatre mille sept cens livres attachée à la charge de Colonel de chacun desdits trois régimens, au lieu de celle de deux mille livres qu'il avoit anciennement, lui sera continuée; au moyen de quoi il ne doit plus retenir les quatre deniers par jour sur la masse des Sergens, Caporaux, Anspessades, Grenadiers, Soldats & Tambours, qui doivent recevoir leur paye entière, à la déduction seulement de ce qui sera mis à la masse pour leur habillement.

Officiers reformez. Les Officiers réformez à la suite desdits régimens de Bulkeley, Clare, Dillon & Royal-Ecossois, & ceux qui sont détachez dans les places, seront payez sur le pied par mois de cent cinquante livres à chaque Colonel ou Lieutenant-colonel, cent livres à chaque Capitaine, & quarante-cinq livres à chaque Lieutenant.

Roth, Berwick & Lally. Les régimens Irlandois de Roth & Berwick, composez chacun d'un bataillon réduit à treize compagnies en conséquence de l'ordonnance du premier octobre 1744, dont une de Grenadiers de quarante-cinq hommes, & douze de

Fuſiliers de cinquante hommes chacune ſans les Officiers, & le régiment Irlandois de Lally levé en conſéquence de ladite ordonnance, de la même compoſition que leſdits deux régimens, & entretenu avec pareil traitement, ſeront payez, ſçavoir :

Compagnie de Grenadiers.

La compagnie de Grenadiers ſur le pied par jour de quatre livres quinze ſols au Capitaine, quarante-cinq ſols dix deniers au Capitaine réformé, cinquante-un ſols au Lieutenant, vingt-un ſols huit deniers au Lieutenant réformé, ſeize ſols à chacun des deux Sergens, onze ſols ſix deniers à chacun des trois Caporaux, dix ſols ſix deniers à chacun des trois Anſpeſſades, & neuf ſols ſix deniers à chacun des trente-ſix Grenadiers & un Tambour: le Capitaine recevra trois payes de gratification de neuf ſols ſix deniers chacune, ſa compagnie étant à quarante-cinq & quarante-quatre hommes, deux deſdites payes la compagnie étant à quarante-un, quarante-deux & quarante-trois, une ſeulement lorſqu'elle ne ſera qu'à quarante, & rien au deſſous dudit nombre de quarante hommes.

Compagnies de Fuſiliers.

Chacune des douze compagnies de Fuſiliers, ſur le pied par jour de trois livres quinze ſols au Capitaine, quarante-cinq ſols dix deniers au Capitaine réformé, trente-deux ſols ſix deniers au Lieutenant, vingt-un ſols huit deniers au Lieutenant réformé, quinze ſols à chacun des deux Sergens, dix ſols ſix deniers à chacun des trois Caporaux, neuf ſols ſix deniers à chacun des trois Anſpeſſades, & huit ſols ſix deniers à chacun des quarante-un Fuſiliers & un Tambour: le Capitaine recevra quatre payes de gratification de huit ſols ſix deniers chacune, ſa compagnie étant à quarante-huit, quarante-neuf & cinquante hommes, trois deſdites payes lorſqu'elle ſera à quarante-ſix & quarante-ſept, deux à quarante-quatre & quarante-cinq, une ſeulement à quarante-deux & quarante-trois; n'en pouvant prétendre aucune, ſa compagnie étant au deſſous dudit nombre de quarante-deux hommes.

Cadets.

Les ſeize Cadets qui doivent être entretenus dans la compagnie Colonelle de chaque régiment, qui tiendront lieu de pareil nombre de Soldats, seront payez sur le pied de treize sols chacun par jour.

Enseignes. Outre les Officiers ci-dessus, l'Enseigne en chacune des compagnies Colonelle & Lieutenante-colonelle desdits régimens, recevra vingt-cinq sols six deniers par jour.

Les Sergens à remplacer après la réduction faite dans les régimens Irlandois de Bulkeley, Clare, Dillon, Roth & Berwick, qui sont entrez comme Soldats dans les compagnies de Fusiliers où ils remplissent leur service sur le pied de Sergent en attendant les premières places vacantes, continueront d'y recevoir, outre la paye de Soldat, un supplément de six sols six deniers par jour, pour leur faire celle de Sergent, & ce sur les revûes des Commissaires des guerres, dans lesquelles ils doivent être nommez.

Etat-major & Prévôté. L'Etat-major de chacun desdits trois régimens sera payé sur le pied par jour de sept livres dix sols au Colonel, trente-deux sols six deniers au Lieutenant-colonel, outre leurs appointemens de Capitaine; quatre livres onze sols huit deniers au Major, quarante-six sols huit deniers à l'Aide-major, vingt-cinq sols à chacun des Aumônier & Maréchal-des-logis, vingt sols au Chirurgien, vingt-six sols huit deniers au Prévôt, treize sols quatre deniers à son Lieutenant, huit sols quatre deniers au Greffier, & cinq sols à chacun des cinq Archers & à l'Exécuteur de justice.

Officiers réformez. Les Officiers réformez à la suite desdits régimens, & ceux qui sont détachez dans les places, seront payez sur le pied par mois de cent douze livres dix sols à chaque Colonel ou Lieutenant-colonel, soixante-huit livres quinze sols à chaque Capitaine, & trente-deux livres dix sols à chaque Lieutenant.

V.

COMPOSITION DES BATAILLONS. POUR entretenir les bataillons dans une égale force, Sa Majesté, en confirmant ce qui est porté par les anciennes ordonnances, veut que les compagnies d'un régiment composé de plusieurs bataillons, y servent suivant le rang de leur Capitaine; que celles de Grenadiers soient mises suivant leur ancienneté, à la tête de chaque bataillon;

que la compagnie Colonelle & celle du Lieutenant-colonel demeurent au premier bataillon ; que celle du premier Capitaine ſoit dans le ſecond, que celle du ſecond Capitaine ſoit dans le troiſième, & que celle du troiſième Capitaine ſoit dans le quatrième bataillon des régimens où il y en a quatre, & que les autres compagnies ſoient ainſi diſtribuées ſuivant leur rang : & lorſqu'il en vaquera une dans un régiment, que l'Officier qui en ſera pourvû, prenne avec ſa compagnie, la queue du dernier bataillon, pour faire monter les autres compagnies, de ſorte qu'elles ſe trouvent ſuivant leur rang dans les bataillons où elles doivent ſervir. Et comme Sa Majeſté auroit été ci-devant avertie que les Colonels des régimens d'Infanterie prenoient deux Soldats dans les compagnies qui venoient à vaquer, pour ſervir dans les leurs, & qu'ils en faiſoient auſſi prendre un pour les Grenadiers, Sa Majeſté continue la défenſe qu'Elle leur a faite de prendre ni laiſſer prendre aucun Soldat dans les compagnies vacantes, ſon intention étant qu'elles ſoient remiſes à ceux qui en ſeront pourvûs, dans l'état où elles ſe ſeront trouvées lorſqu'elles auront vaqué.

Outils.

Veut auſſi Sa Majeſté qu'il y ait toûjours en chaque compagnie de ſon Infanterie françoiſe ou étrangère, dix outils propres à remuer la terre, que les Soldats de chaque chambrée porteront tour à tour avec leurs armes.

Ingénieurs.

Les Ingénieurs auxquels Sa Majeſté a accordé des réformes, ſeront payez dans les places de leur réſidence, en vertu des reliefs qui leur ſeront expédiez de ſix mois en ſix mois, ſur le pied par an de neuf cens livres à chaque Colonel, de ſept cens livres à chaque Lieutenant-colonel, de quatre cens cinquante livres à chaque Capitaine, & de deux cens quarante livres à chaque Lieutenant.

Solde pendant la marche à l'Infanterie françoiſe & étrangère.

Sa Majeſté trouve bon que le ſol d'augmentation par jour, accordé à chaque Sergent, & les ſix deniers à chaque Caporal, Anſpeſſade, Grenadier, Soldat & Tambour, pour s'entretenir de linge & de chauſſure, leur ſoit continué pendant les marches, dans les lieux où l'étape ſera fournie, même

même aux trois cens quarante Soldats surnuméraires que Sa Majesté a bien voulu entretenir dans son régiment d'Infanterie, sur le pied de cinq en chacune des soixante-huit compagnies dont il est composé; & il sera accordé un supplément de solde aux troupes d'Infanterie étrangère, comme par le passé.

VI.

GENDARMERIE.

Gardes-du-corps du Roy.

LES Officiers des Gardes-du-corps du Roy, servant à la Cornette, seront payez sur le pied par jour de six livres à chacun des trois Lieutenans, cinq livres à chacun des trois Enseignes, trois livres à chacun des onze Exempts, l'Aide-major compris; quarante sols à chacun des neuf Brigadiers, trente-cinq sols à chacun des neuf Sous-brigadiers, trente-trois sols à chacun des deux cens quatre-vingt-deux Gardes, des six Trompettes & un Timbalier, quarante sols à l'Aumônier, & vingt sols au Chirurgien: le tout en chacune des quatre compagnies desdits Gardes-du-corps.

Grenadiers à cheval.

La compagnie des Grenadiers à cheval de Sa Majesté, sera payée sur le pied par jour de dix livres au Capitaine-lieutenant, de six livres à chacun des trois Lieutenans, quatre livres à chacun des trois Sous-lieutenans, trois livres à chacun des trois Maréchaux-des-logis, quarante sols à chacun des six Sergens, trente-un sols à chacun des trois Brigadiers, vingt-six sols à chacun des six Sous-brigadiers, vingt-quatre sols à chacun des six Appointez & un Porte-étendard, vingt-un sols à chacun des cent vingt-quatre Grenadiers & quatre Tambours, & quarante sols à l'Aumônier établi dans ladite compagnie par ordonnance particulière du 9. février 1734.

Gendarmes & Chevaux-légers de la garde du Roy.

Les grands Officiers des compagnies de Gendarmes & de Chevaux-légers de la garde du Roy, & les cinquante Gendarmes & cinquante Chevaux-légers, deux Trompettes & un Timbalier de chaque compagnie servant par quartier près Sa Majesté, continueront à être payez suivant les états & ordres qui feront expédiez à cet effet.

Il fera payé trente fols par jour à chacun des Brigadiers, Sous-brigadiers, cent cinquante Gendarmes, & cent cinquante Chevaux-légers, & deux Trompettes de chacune desdites deux compagnies fervant à la Cornette; & vingt fols à chacun des fept petits Officiers, auffi de chaque compagnie, fçavoir, un Aumônier, deux Fourriers, deux Chirurgiens, un Sellier & un Maréchal-ferrant.

Mousquetaires de la garde du Roy.

Chacune des deux compagnies de Moufquetaires de la garde du Roi, fera payée à raifon de trente livres par jour au Capitaine-lieutenant, qui eft vingt livres pour les appointemens de Capitaine, & dix livres pour ceux de Lieutenant; fix livres treize fols quatre deniers à chacun des deux Sous-lieutenans, cinq livres à chacun des deux Enfeignes & deux Cornettes, cinquante fols à chacun des dix Maréchaux-des-logis, quarante-deux fols à chacun des quatre Brigadiers, quarante fols à chacun des dix-huit Sous-brigadiers & cent foixante-feize Moufquetaires, cinquante fols à chacun des quatre Hautbois, & trente fols à chacun des fix Tambours & des fix petits Officiers, fçavoir, un Aumônier, un Chirurgien, un Apothicaire, un Fourrier, un Sellier & un Maréchal-ferrant.

Gendarmerie.

Grands Officiers des compagnies de Gendarmes.

Les grands Officiers des dix compagnies de Gendarmes de la Gendarmerie, continueront d'être payez fuivant les états que Sa Majefté fera expédier; & les Maréchaux-des-logis, Brigadiers, Sous-brigadiers, Porte-étendards, Gendarmes, Trompettes & Timbaliers, fur le même pied de ceux des compagnies de Chevaux-légers, ainfi qu'il eft ci-après expliqué.

Compagnies de Chevaux-légers.

Chacune des fix compagnies de Chevaux-légers de ladite Gendarmerie, compofée d'un Capitaine-lieutenant, un Sous-lieutenant, deux Cornettes, quatre Maréchaux-des-logis, deux Brigadiers, deux Sous-brigadiers, un Porte-étendard, foixante-dix Chevaux-légers, & deux Trompettes, fera payée à raifon de neuf livres par jour au Capitaine-lieutenant, qui eft fix livres en qualité de Capitaine, & trois livres en celle de Lieutenant; trois livres au Sous-lieutenant, quarante-cinq sols à chaque Cornette, quarante-six sols à chaque Maréchal-des-logis, vingt-six sols six deniers à chaque Brigadier & Sous-brigadier, dix-huit sols quatre deniers au Porte-étendard, quinze sols à chaque Chevau-léger, & vingt-deux sols à chaque Trompette.

Aumôniers & Timbaliers.

Il sera payé vingt-deux sols aussi par jour à chacun des huit Timbaliers entretenus dans les huit premières compagnies, & trente sols à chacun des deux Aumôniers de ladite Gendarmerie.

Etat-major de la Gendarmerie.

Les Officiers de l'Etat-major de ladite Gendarmerie, étant payez de leurs appointemens à l'Ordinaire des guerres, il n'en sera point fait ici mention.

VII.

CAVALERIE, CARABINIERS, HUSSARDS ET DRAGONS.

CAVALERIE. Compagnies.

L'INTENTION de Sa Majesté est, qu'outre le fourrage qui sera fourni à chaque Cavalier, Carabinier, Hussard & Dragon, il soit payé à chacune des compagnies qui composent les régimens de Cavalerie françoise, sçavoir, au Capitaine cinq livres par jour, au Lieutenant cinquante sols, au Maréchal-des-logis vingt-six sols huit deniers, à chacun des deux Brigadiers huit sols, & à chacun des trente-trois Cavaliers, y compris le Trompette & le Timbalier, où il doit y en avoir, sept sols.

Sous-lieutenant & Cornettes dans la compagnie du Colonel général, & dans celles des Mestre-de-Camp général & Commissaire général de la Cavalerie.

Le Sous-lieutenant qui est dans la compagnie Colonelle du Colonel général de la Cavalerie, le Cornette-blanc qui est dans ladite compagnie, & le Cornette qui est en chacune des compagnies Mestre-de-camp des régimens du Mestre-de-camp général & du Commissaire général de la Cavalerie, recevront, sçavoir, le Sous-lieutenant, cinquante sols par jour, le Cornette-blanc, & chacun des deux autres, trente-sept sols six deniers aussi par jour.

Etat-major de Cavalerie françoise.

Il sera payé quarante-quatre sols cinq deniers par jour au Mestre-de-camp de chaque régiment de Cavalerie françoise, trente-trois sols quatre deniers au Lieutenant-colonel, outre leurs appointemens de Capitaine; six livres au Major, trois livres à chaque Aide-major, trente sols à l'Aumônier, & treize sols six deniers au Chirurgien.

Cornettes dans les régimens de Cavalerie françoise.

Les dix Cornettes entretenus dans les régimens de Cavalerie françoise, qui n'ont été augmentez que d'un escadron, & les douze Cornettes entretenus dans ceux qui ont été augmentez de deux escadrons, seront payez sur le pied de trente-sept sols six deniers chacun par jour.

ROYAL-ALLEMAND.

Compagnies.

Le régiment Royal-Allemand qui a été augmenté par ordonnance du 16 octobre 1744, de deux compagnies de cinquante Maîtres chacune, & dont les seize anciennes compagnies ont été aussi portées par la même ordonnance à cinquante Maîtres, par une augmentation de quinze Maîtres en chacune, sera payé, sçavoir, chaque compagnie sur le pied par jour de six livres au Capitaine, de trois livres au Lieutenant, trente sols au Maréchal-des-logis, neuf sols à chacun des trois Brigadiers, & sept sols à chacun des quarante-sept Cavaliers, y compris les Cadets, Trompettes & Timbalier dans la compagnie Mestre-de-camp.

Cadets.

Il sera en outre payé un sol par jour à chaque Cadet qui passera en revûe dans le nombre desdits Cavaliers, sur le certificat du Commandant du régiment.

Etat-major.

L'Etat-major dudit régiment sera payé sur le pied par jour de six livres treize sols quatre deniers au Mestre-de-camp, de cinq livres à chacun des deux Lieutenans-colonels, outre leurs appointemens de Capitaine; huit livres six sols huit deniers à chacun des deux Majors, cinquante-trois sols quatre deniers à chacun des deux Aide-majors, vingt-six sols huit deniers au Maréchal-des-logis, trente-trois sols quatre deniers au Prévôt, vingt-six sols huit deniers à son Lieutenant, vingt sols au Greffier, vingt-six sols huit deniers à chacun des Aumônier & Chirurgien, & quinze sols à chacun des quatre Archers & un Exécuteur de justice.

Cornettes.

Les douze Cornettes entretenus dans ledit régiment seront

feront payez fur le pied de quarante-cinq fols chacun par jour.

Rosen. *Compagnies.*

Le régiment de Cavalerie allemande de Rofen, augmenté par ordonnance du 16 octobre 1744, de deux compagnies de cinquante Maîtres chacune, & dont les feize anciennes compagnies ont été auffi portées par la même ordonnance à cinquante Maîtres, par une augmentation de quinze Maîtres en chacune, fera payé, fçavoir, chaque compagnie fur le pied par jour de fix livres au Capitaine, trois livres au Lieutenant, vingt-fix fols huit deniers au Maréchal-des-logis, huit fols à chacun des trois Brigadiers, & fept fols à chacun des quarante-fept Cavaliers, compris le Trompette & le Timbalier qui eft dans la compagnie Meftre-de-camp.

Etat-major.

L'Etat-major dudit régiment fera payé fur le pied par jour de trois livres fix fols huit deniers au Meftre-de-camp, quarante fols au Lieutenant-colonel, outre leurs appointemens de Capitaine; huit livres dix fols au Major, trois livres à l'Aide-major, treize fols quatre deniers à chacun des Aumônier, Chirurgien & Auditeur, & fept fols fix deniers à chacun des Greffier, trois Archers & un Exécuteur de juftice.

Cornettes.

Les douze Cornettes entretenus dans ledit régiment, feront payez fur le pied de quarante-cinq fols chacun par jour.

Nassau. *Compagnies.*

Le régiment de Cavalerie allemande levé par le Prince de Naffau Saarbruck en vertu de l'ordonnance du 16 octobre 1744, compofé de douze compagnies de cinquante Maîtres chacune, fera payé, fçavoir, chaque compagnie fur le pied par jour de fix livres au Capitaine, de trois livres au Lieutenant, quarante-cinq fols au Cornette, vingt-fix fols huit deniers au Maréchal-des-logis, huit fols à chacun des trois Brigadiers, & fept fols à chacun des quarante-fept Cavaliers, compris le Trompette & le Timbalier qui eft dans la compagnie meftre-de-camp.

Etat-major.

L'Etat-major dudit régiment fera payé fur le pied par jour de trois livres fix fols huit deniers au Meftre-de-camp, quarante sols au Lieutenant-colonel, outre leurs appointemens de Capitaine; six livres treize sols quatre deniers au Major, deux livres treize sols quatre deniers à l'Aide-major, & treize sols quatre deniers à chacun des Aumônier & Chirurgien.

CARABINIERS. Compagnies. Chacune des quarante compagnies de trente-cinq Maîtres, qui composent les cinq brigades du régiment Royal-des-Carabiniers, sera payée sur le pied par jour de six livres au Capitaine, de trois livres au Lieutenant, trente sols au Maréchal-des-logis, neuf sols à chacun des deux Brigadiers, & huit sols à chacun des trente-trois Carabiniers, compris le Trompette & le Timbalier qui est en chacune des cinq compagnies Mestres-de-camp.

Etat-major. L'Etat-major dudit régiment sera payé sur le pied par jour de cinquante-un sols dix deniers à Mons.r le Prince de Dombes, en qualité de Mestre-de-camp-lieutenant; pareils cinquante-un sols dix deniers à chacun des cinq Mestres-de-camp qui servent sous lui à la tête des cinq brigades; trente-huit sols dix deniers à chaque Lieutenant-colonel, outre leurs appointemens de Capitaine; sept livres à chaque Major, trois livres dix sols à chaque Aide-major, trente sols à l'Aumônier, & seize sols deux deniers au Chirurgien de chaque brigade.

Cornettes dans les cinq brigades de Carabiniers. Les vingt Cornettes qui servent dans ledit régiment sur le pied de quatre par brigade, seront payez à raison de quarante-cinq sols chacun par jour.

HUSSARDS. Compagnies. Les douze compagnies de chacun des régimens de Hussards de Berchiny, de David, d'Apremont-Linden, de Beausobre & de Pollereczky, & du régiment de Cavalerie étrangère de Rougrave, composées chacune de cinquante Maîtres, seront payées sur le pied par jour de six livres au Capitaine, de trois livres au Lieutenant, quarante-cinq sols au Cornette, vingt-six sols huit deniers au Maréchal-des-logis, neuf sols à chacun des trois Brigadiers, & sept sols à chacun des quarante-sept Hussards ou Cavaliers, compris le Trompette & le Timbalier qui est dans la compagnie Mestre-de-camp de chacun desdits régimens.

L'Etat-major de chacun desdits régimens sera payé sur le pied par jour de trois livres six sols huit deniers au Mestre-de-camp, de quarante sols au Lieutenant-colonel, outre leurs appointemens de Capitaine; huit livres dix sols au Major, trois livres à l'Aide-major, trente sols à l'Aumônier, & treize sols quatre deniers au Chirurgien.

Etat-major des régimens de Berchiny, David, d'Apremont-Linden, Beausobre, Pollereczky & Rougrave.

La compagnie franche de Hussards Hongrois de Goengoësy composée de cinquante hommes, que le Roy a prise à son service par ordonnance du premier avril 1744, sera payée sur le pied par jour de six livres au Capitaine, trois livres au Lieutenant, vingt-huit sols six deniers au Maréchal-des-logis, neuf sols à chacun des trois Brigadiers, & sept sols à chacun des quarante-sept Hussards, y compris un Trompette.

Compagnie franche de Hussards de Goengoësy.

Les Capitaines & Lieutenans réformez des régimens de Cavalerie françoise, qui ont eu des ordres pour servir à la suite des régimens auxquels leur réforme est attachée, seront payez de leurs appointemens par mois, en passant présens aux revûes des Commissaires ordinaires des guerres, sçavoir, chaque Capitaine sur le pied de quatre-vingt-dix livres, & chaque Lieutenant sur celui de quarante-une livres quinze sols; à l'exception de ceux dont les appointemens sont réglez sur un pied différent, par les ordres particuliers qui les attachent à la suite desdits régimens.

Officiers réformez de Cavalerie françoise.

Les Capitaines & Lieutenans réformez, qui ont eu des ordres particuliers pour servir à la suite du régiment Royal-des-Carabiniers, seront payez de leurs appointemens en passant présens aux revûes des Commissaires ordinaires des guerres, sçavoir, chaque Capitaine, sur le pied de quatre-vingt-dix livres par mois, & chaque Lieutenant, sur celui de quarante-cinq livres aussi par mois.

Officiers réformez de Carabiniers.

Les Officiers réformez à la suite du régiment de Cavalerie irlandoise de Filtzjames, qui est sur le pied françois, seront payez de leurs appointemens en passant présens aux revûes des Commissaires ordinaires des guerres, à raison par mois de cent quatre-vingt-trois livres sept sols six deniers à chaque Mestre-de-camp, cent soixante-quinze

Officiers réformez de Filtzjames.

livres à chaque Lieutenant-colonel, cent vingt livres à chaque Capitaine, & cinquante-huit livres sept sols six deniers à chaque Lieutenant; à l'exception de ceux auxquels il a été réglé d'autres traitemens par des ordres particuliers, sur lesquels ils seront payez.

Officiers réformez de Cavalerie allemande & de Hussards.

Les Officiers réformez à la suite des régimens de Cavalerie Royal-allemand & Rosen, & de ceux de Hussards, seront payez de leurs appointemens en passant présens aux revûes des Commissaires ordinaires des guerres, sur le pied, sçavoir, chaque Mestre-de-camp & Lieutenant-colonel, de cent cinquante livres par mois; chaque Capitaine, de quatre-vingt-dix livres, & chaque Lieutenant, de quarante-une livres quinze sols aussi par mois; à l'exception de ceux auxquels il a été réglé d'autres traitemens par des ordres particuliers, sur lesquels ils seront payez.

DRAGONS.

Compagnies.

Chaque compagnie des régimens de Dragons, composée de cinquante Dragons montez, sera payée sur le pied par jour de quatre livres dix sols au Capitaine, de quarante sols au Lieutenant, trente sols au Cornette, vingt sols au Maréchal-des-logis, sept sols six deniers à chacun des trois Brigadiers, & six sols six deniers à chacun des quarante-six Dragons & un Tambour.

Seconds Lieutenans, Sous-lieutenans & Cornettes, dans les compagnies générale & Mestre-de-camp général des Dragons.

Outre les Officiers ci-dessus il est entretenu dans la compagnie générale qui est dans le régiment du Colonel général des Dragons, un second Lieutenant, un Sous-lieutenant & un Cornette; & dans la compagnie Mestre-de-camp du régiment Mestre-de-camp général des Dragons, un second Lieutenant & un Cornette, qui seront payez sur le pied par jour de quarante sols à chacun des deux seconds Lieutenans, de trente-trois sols quatre deniers au Sous-lieutenant, & de trente sols à chacun des deux Cornettes: entendant Sa Majesté que les charges de second Lieutenant dans lesdites compagnies ne soient point remplacées lorsqu'elles viendront à vaquer.

Etat-major de Dragons.

L'Etat-major de chaque régiment de Dragons sera payé sur le pied par jour de dix livres au Mestre-de-camp,

camp, outre ses appointemens de Capitaine, de quatre livres dix sols au Major, de cinquante sols à l'Aide-major, & de trente sols à l'Aumônier.

Officiers réformez de Dragons.

Les Capitaines & Lieutenans réformez desdits régimens de Dragons, qui ont eu des ordres pour servir à la suite des régimens auxquels leur réforme est attachée, seront payez de leurs appointemens par mois, en passant présens aux revûes des Commissaires ordinaires des guerres, sçavoir, chaque Capitaine sur le pied de cinquante livres, & chaque Lieutenant sur celui de trente-trois livres six sols huit deniers; à l'exception de ceux dont les appointemens sont réglez sur un pied différent, par les ordres particuliers qui les attachent à la suite desdits régimens.

Gardes-du-corps du Roy, réformez.

Les Gardes-du-corps du Roy, réformez, que Sa Majesté a trouvé bon d'entretenir dans le nombre des Cavaliers & Dragons de ses troupes, en attendant leur remplacement, y recevront dix sols chacun par jour, au lieu de sept sols ci-dessus réglez pour lesdits Cavaliers, & de six sols six deniers pour les Dragons.

COMPAGNIES FRANCHES de DRAGONS.

Chacune des compagnies franches de Dragons du Comte de Limoges, de Mandres, la Croix, Goderneaux, Jacob & Galliau, composée de cent cinquante Dragons montez, sera payée sur le pied par jour de six livres au Capitaine en pied, quarante-cinq sols au Capitaine réformé, quarante sols au premier Lieutenant, trente-trois sols quatre deniers au second Lieutenant, vingt-cinq sols à chacun des cinq Lieutenans réformez, vingt sols à chacun des trois Maréchaux-des-logis, sept sols six deniers à chacun des six Brigadiers, & six sols six deniers à chacun des cent quarante-quatre Dragons, y compris trois Tambours.

Compagnie franche de Dragons de Zoller.

La compagnie franche de Dragons de Zoller, levée en vertu de l'ordonnance du 10 juin 1744, composée de cent Dragons montez, sera payée sur le pied par jour de cinq livres au Capitaine, quarante-cinq sols au Capitaine réformé, quarante sols au premier Lieutenant, trente-trois sols quatre deniers au second Lieutenant, vingt-cinq sols à chacun des deux Lieutenans réformez, vingt sols à chacun des deux Maréchaux-des-logis, sept sols six deniers à chacun des quatre Brigadiers, & six sols six deniers à chacun des quatre-vingt-seize Dragons, compris deux Tambours.

Compagnie franche de Dragons de Sinceny.

La compagnie franche de Dragons de Sinceny, composée de quatre-vingt Dragons montez, sera payée sur le pied par jour de cinq livres au Capitaine, quarante-cinq sols au Capitaine réformé, quarante sols au prémier Lieutenant, trente-trois sols quatre deniers au second Lieutenant, vingt-cinq sols à chacun des deux Lieutenans réformez, vingt sols à chacun des deux Maréchaux-des-logis, sept sols six deniers à chacun des quatre Brigadiers, & six sols six deniers à chacun des soixante-seize Dragons, compris deux Tambours.

Officiers réformez des compagnies franches de Dragons.

A l'égard des Officiers réformez qui sont entretenus à la suite desdites compagnies, ou qui pourront l'être à l'avenir, ils seront payez sur le pied par mois de soixante-sept livres dix sols à chaque Capitaine, & de trente-sept livres dix sols à chaque Lieutenant, en passant présens aux revûes des Commissaires ordinaires des guerres.

Masse de la Cavalerie, des Dragons & des compagnies franches de Dragons.

Il sera donné, outre la solde ci-dessus, qui sera payée sans aucun retranchement, dix deniers par jour pour chaque Brigadier, Cavalier, Carabinier, Hussard, Dragon, Trompette, Timbalier & Tambour, dont le fonds restera entre les mains du Trésorier, pour composer une Masse toûjours compléte destinée à l'habillement desdites troupes; de laquelle le Trésorier donnera sa reconnoissance à la fin de chaque mois, à l'Officier chargé du détail desdits régimens, brigades ou compagnies franches de Dragons, pour être payée sur la main-levée du Directeur ou Inspecteur général dans le département duquel ils se trouveront, visée des Colonels généraux de la Cavalerie & des Dragons.

PREST des Cavaliers, Hussards & Dragons.

Comme Sa Majesté juge nécessaire qu'il reste toûjours à la fin du quartier d'hiver, quelqu'argent aux Cavaliers, Hussards & Dragons, pour leur donner moyen de subsister pendant la campagne, & qu'il est aussi à propos que les choses demeurent réglées entre les Capitaines & lesdits Cavaliers, Hussards & Dragons, de manière qu'il n'y ait aucune difficulté sur le décompte à faire entr'eux; Sa Majesté ordonne que chaque Cavalier & Hussard touchera six sols par jour pour sa subsistance, & chaque Dragon cinq sols six deniers; que le Cavalier, Hussard & Dragon sera obligé d'entretenir son cheval de ferrage; & que moyennant les sept livres dix sols à quoi reviendra le surplus de la solde pendant les cinq mois du quartier d'hiver, lesquels lui seront payez par son Capitaine à la fin de chacun des mois de novembre, décembre, janvier, février & mars, il s'entretiendra de linge, culotte, bas & souliers: Et à l'égard du Capitaine, Sa Majesté trouve bon qu'il touche ce qu'Elle a ordonné pour les places d'ustensile des Cavaliers, Hussards ou Dragons de sa compagnie, à la réserve de deux sols par jour par Cavalier, Carabinier, Hussard ou Dragon, qui resteront entre les mains du Trésorier général de l'extraordinaire des guerres, & qui seront par lui remis au Major du régiment, ou à l'Aide-major en son absence, dans les tems marquez ci-après; pour être lesdits deux sols, qui feront pour les cent cinquante jours du quartier d'hiver, la somme de cinq écus de soixante sols chacun, distribuez manuellement par ledit Major ou l'Aide-major, aux Cavaliers, Carabiniers, Hussards & Dragons; sçavoir, un écu de soixante sols aux dixième de chacun des mois de mai, juin, juillet, août & septembre; sans que ledit Major ou Aide-major en son absence, s'en puisse dispenser pour quelque raison que ce soit, à peine de privation de sa charge: ce que Sa Majesté veut que lesdits Cavaliers, Carabiniers, Hussards & Dragons, touchent outre la solde qui leur sera ordonnée pendant la campagne; de sorte que moyennant les six sols de solde par jour que le Cavalier & Hussard touchera, & les cinq sols six deniers qu'aura le Dragon pendant le quartier d'hiver, les sept livres dix sols qui seront payées à l'un & l'autre également, dans les cinq mois dudit quartier d'hiver, & les cinq écus qui leur seront distribuez par le Major au commencement & pendant la campagne, outre leur solde, ils soient obligez de s'entretenir, comme il est ci-dessus marqué, de linge, culotte, bas & souliers, d'entretenir leurs chevaux de ferrage, & d'entretenir aussi leurs armes, c'est-à-dire, de les tenir nettes, & de faire les menuës réparations qui y seront nécessaires pour qu'elles soient toûjours en bon état : Sa Majesté entendant que quand les armes des Cavaliers, Hussards & Dragons deviendront dans un état à ne pouvoir plus servir, qu'il en faudra de neuves, ou qu'il sera nécessaire d'y faire des réparations considérables, le Capitaine en fasse la dépense, à moins qu'il ne fût jugé par le Conseil de guerre du régiment, que le dommage arrivé à l'arme du Cavalier, Hussard & Dragon, fût par la faute du Cavalier, Hussard & Dragon.

Entend aussi Sa Majesté qu'au moyen de l'ustensile, sur lequel il sera, comme il est dit ci-dessus, retenu deux sols par jour par Cavalier, Carabinier, Hussard ou Dragon, le Capitaine sera obligé d'entretenir chaque Cavalier, Carabinier, Hussard ou Dragon de sa compagnie, de cheval, housse, selle, harnois, bride, habillement, manteau, chapeau, bottes, armes, & généralement de toutes les choses qui lui seront nécessaires, à la réserve du linge & des culottes, bas & souliers.

RETENUE SUR L'USTENSILE pour le non-complet des compagnies.

INFANTERIE.

Au moyen des payemens qui seront ainsi faits aux troupes d'Infanterie, de Cavalerie, de Carabiniers, de Hussards & de Dragons, les Officiers seront obligez de les mettre en état de servir dans le commencement du mois d'avril prochain : & s'il arrive qu'une compagnie d'Infanterie qui doit être de quarante hommes sans les Officiers, se trouve à la revûe qui en sera faite par les Commissaires ordinaires des guerres dans les premiers jours dudit mois d'avril, avec les Directeurs ou Inspecteurs géneraux de ses troupes où il s'en trouvera, au dessous du nombre de trente-quatre hommes, il sera retenu cent cinquante livres sur l'ustensile du Capitaine, dont il ne pourra avoir la main-levée qu'après la revûe qui sera faite des troupes au

commencement

commencement de la campagne, & que sa compagnie y aura passé à trente-huit, trente-neuf ou quarante hommes.

Veut aussi Sa Majesté qu'au moyen desdits payemens, les Officiers de ses troupes de Cavalerie, de Carabiniers, de Hussards & de Dragons, soient obligez de même, de les mettre en état de servir dans le commencement du mois d'avril prochain; & que s'il arrive qu'une compagnie ne se trouve pas compléte, montée, armée & équipée comme il convient, à la revûe qui en sera faite dans les premiers jours dudit mois d'avril, par les Commissaires ordinaires des guerres, avec les Directeurs ou Inspecteurs géneraux où il s'en trouvera, il soit retenu un mois d'ustensile, tant des places attribuées à la personne du Capitaine, que de celles des Cavaliers, Carabiniers, Hussards & Dragons, en ce non compris l'écu de campagne, qui doit être toûjours distribué aux Cavaliers, Carabiniers, Hussards & Dragons, sans pouvoir être retenu sous quelque prétexte que ce soit; de laquelle retenue il ne pourra avoir la main-levée qu'après la revûe qui se fait ordinairement des troupes au commencement de la campagne, & que sa compagnie y aura passé compléte d'hommes & de chevaux, & en état de bien servir.

Cavalerie, Carabiniers, Hussards & Dragons.

Ordonne Sa Majesté aux Commissaires des guerres qui seront chargez de la police de ses troupes, qu'après qu'ils auront fait leurs revûes dans les premiers jours d'avril, avec les Directeurs ou Inspecteurs géneraux où il s'en trouvera, ils ayent à informer aussi-tôt les Intendans dans les départemens desquels ils seront, des compagnies qui, à cette revûe, ne se trouveront pas complétes & en bon état, afin qu'ils fassent faire les retenues sur l'ustensile, ainsi qu'il est expliqué dans les deux articles précédens, aux Capitaines d'Infanterie, de Cavalerie, de Carabiniers, de Hussards & de Dragons: Entend aussi Sa Majesté, que lesdits Commissaires des guerres, Directeurs & Inspecteurs géneraux où il s'en trouvera, déclarent en même tems de sa part aux Capitaines, que ceux qui, à la revûe qui se fera des troupes au commencement de la campagne, n'auront pas leur compagnie complète & de tout point en état de servir, telle raison qu'ils puissent avoir, seront cassez, & mis en prison jusqu'à ce qu'ils ayent restitué tout ce qu'ils auront reçu d'ustensile pendant l'hiver, sans avoir égard aux dépenses qu'ils auront faites à leur compagnie : déclarant Sa Majesté aux Colonels, Mestres-de-camp & Lieutenans-colonels des régimens dans lesquels il se trouvera de mauvaises compagnies, qu'Elle les en rendra responsables en leur nom, comme ayant négligé de prendre le soin qu'ils doivent avoir que les Capitaines travaillent utilement à leur rétablissement.

VIII.

OFFICIERS RÉFORMEZ DANS LES PROVINCES.

Colonels & Lieutenans-colonels d'Infanterie françoise.

LES Colonels & Lieutenans-colonels réformez d'Infanterie françoise, qui par l'ancienneté de leurs services doivent avoir des appointemens, continueront d'en être payez dans les provinces, sur les états & ordres qui seront expédiez à cet effet, sur le pied de neuf cens livres par an à chaque Colonel, & de sept cens livres à chaque Lieutenant-colonel.

Mestres-de-camp & Lieutenans-colonels de Cavalerie françoise.

Les Mestres-de-camp & Lieutenans-colonels réformez de Cavalerie, retirez dans les provinces, auxquels Sa Majesté a accordé des appointemens, continueront d'en être payez sur les états & ordres qui seront expédiez à cet effet.

Mestres-de-camp & Lieutenans-colonels de Dragons.

Les Mestres-de-camp & Lieutenans-colonels réformez de Dragons, qui doivent avoir aussi des appointemens par l'ancienneté de leurs services, seront payez dans leur province, suivant les états & ordres qui seront envoyez, sur le pied de deux mille livres par an à chaque Mestre-de-camp qui a eu un régiment, mille livres à chacun des autres, & six cens livres à chaque Lieutenant-colonel.

Officiers réformez, Partisans, d'Infanterie, Cavalerie & Dragons, entretenus dans les Places.

Les Officiers réformez, tant d'Infanterie que de Cavalerie & de Dragons, entretenus dans les places en qualité de Partisans, seront payez en passant présens aux revûes, des appointemens qui leur ont été réglez, suivant les états & ordres signez du Sécrétaire d'état ayant le département de la guerre.

Capitaines & Lieutenans

Les Capitaines & Lieutenans réformez d'Infanterie, de

Cavalerie & de Dragons, ci-devant attachez à la ſuite des régimens, ou entretenus à la réſidence des places, qui ont été renvoyez dans leur province, continueront d'y être payez de leurs appointemens, ſur les états qui ſeront envoyez tous les ſix mois aux Intendans deſdites provinces, ainſi qu'il s'eſt pratiqué par le paſſé.

réformez d'Infanterie, Cavalerie & Dragons, renvoyez dans leur Province.

I X.

DÉFEND Sa Majeſté aux Officiers, Gardes-du-corps, Gendarmes, Chevaux-légers, Mouſquetaires, Cavaliers, Carabiniers, Huſſards, Dragons & Soldats, de prendre aucun ſel dans les pays étrangers, ou dans ceux de l'obéïſſance de Sa Majeſté où la gabelle n'eſt point établie, ni de ſe charger d'aucun tabac ou autres marchandiſes prohibées, pour tranſporter, vendre ou débiter, en telle manière que ce puiſſe être, & à quelque perſonne que ce ſoit, dans les provinces du royaume; à peine aux Chefs & Commandans, de répondre ſur les payes à eux ordonnées, & ſur leurs biens, des dommages qui ſeroient faits aux fermes générales par ceux étant ſous leur charge; & aux Gardes, Gendarmes, Cavaliers, Carabiniers, Huſſards, Dragons & Soldats, d'être punis ſuivant la rigueur des ordonnances contre les faux-ſauniers. Défend auſſi Sa Majeſté à tous ſes Sujets, de quelque qualité & condition qu'ils ſoient, de commettre le faux-ſaunage, ni d'aſſiſter & favoriſer en quelque ſorte que ce ſoit, les gens de guerre qui le commettront, auſſi ſur les peines des ordonnances.

Défend encore Sa Majeſté auxdits gens de guerre, d'aller, ni d'envoyer couper, abattre, ni prendre aucun bois dans les forêts & buiſſons, à qui que ce ſoit qu'ils appartiennent; d'y chaſſer à la campagne, en quelque lieu que ce puiſſe être; de tirer avec fuſils ni autres armes à feu, ſur les pigeons & ſur le gibier, ni pêcher dans les étangs, à peine de punition corporelle : Voulant que les coupables des crimes ci-deſſus ſoient punis par les Prévôts des Maréchaux, & à leur défaut par les juges ordinaires des lieux, ſelon la rigueur des ordonnances; ſans que les gens de guerre puiſſent auxdits crimes alléguer aucune exception ni privilége, ni les juges y avoir égard.

MANDE & ordonne Sa Majeſté aux Gouverneurs & Lieutenans généraux dans ſes provinces & armées, aux Gouverneurs de ſes villes & places, à ceux qui y commandent, aux Commandans & Intendans de ſes armées, aux Intendans dans les provinces & ſur les frontières, aux Directeurs & Inſpecteurs généraux de ſes troupes, aux Commiſſaires des guerres ordonnez à leur police, & à tous autres ſes Officiers qu'il appartiendra, de tenir la main à l'exécution de la préſente. FAIT au camp devant Fribourg, le premier novembre mil ſept cens quarante-quatre. *Signé* LOUIS. *Et plus bas,* M. P. DE VOYER D'ARGENSON.

A PARIS,
DE L'IMPRIMERIE ROYALE.

M. DCCXLIV.

www.ingramcontent.com/pod-product-compliance
Ingram Content Group UK Ltd.
Pitfield, Milton Keynes, MK11 3LW, UK
UKHW020417180726
13839UKWH00003B/1335

9 782329 227320